AF298897

Louis ANDRIEUX

Licencié ès-lettres-histoire, Docteur en droit canonique

Vicaire à Notre-Dame de Reims

DEUX CONFÉRENCES

SUR LES

MANUELS SCOLAIRES

CONDAMNÉS

La Morale — L'Histoire

Prix : **0 fr. 40**

REIMS

IMPRIMERIE JEANNE D'ARC

4, Rue des Fusiliers

8° Ld 10060

8° Ld 10060

LISTE

DES

Illustrations et Gravures tendancieuses signalées dans la Conférence sur les Manuels d'Histoire.

1. Le *Manuel d'Histoire* de M. Calvet (couverture).
2. Le *Manuel d'Histoire* de MM. Guiot et Mane (couverture).
3. Le *Manuel d'Histoire* de MM. Rogie et Despiques (couverture).
4. *Petites Lectures sur la Civilisation française* de MM. Rogie et Despiques (couverture).
5. Le *Manuel d'Histoire* de M. Devinat (couverture).
6. *Idem*, de M. Brossolette (couverture).
7. *Idem*, de MM. Aulard et Debidour (couverture).
8. Napoléon et les Savants (Brossolette, 198).
9. Napoléon et les femmes (Brossolette, 198).
10. Napoléon et la Noblesse (Brossolette, 198).
11. Napoléon et Lalande (Devinat, 164).
12. L'ancienne Maison Quantin et les Pédagogues manifestement inspirés de l'Esprit laïque. — (Devinat, couverture).
13. La laïcisation des noms de saints; Louis IX l'ami de la Justice (Gauthier et Deschamps, 14).
14. La laïcisation des noms de saints; Le Bon Vincent de Paul (Gauthier et Deschamps, 62).
15. Qu'est-ce qu'un lazariste? (Bayet: *Morale*, 163).
16. Jeanne d'Arc: « dans ses Rêveries » (Guiot et Mane, 65).
17. La Laïcisation des S cléricales (Brossolette, 39).
18. Le bouchon de paille dans le dos de saint Dominique et la Croisade contre les Albigeois (Brossolette, 22).
19. Le Sac de Béziers (Brossolette, 22).
20. Le Supplice des Emmurés (Brossolette, 22).
21. Le Tribunal de l'Inquisition (Primaire: *Lectures*, 15).
22. Le Supplice des Emmurés (Aulard, 33).
23. L'Evêque Cauchon au supplice de Jeanne d'Arc (Aulard, 40).
24. *Idem*, (Brossolette, 39).
25. *Idem*, (Gauthier et Deschamps, 26).
26. *Idem*, (Guiot et Mane, 66).
27. *Idem*, (Calvet, 61).
28. Une Victime de l'Intolérance cléricale: Etienne Dolet (Brossolette, 55).
29. *Idem*, (Calvet, 85).
30. *Idem*, (Aulard, 59).
31. La Destruction d'un Village vaudois (Aulard, 62).
32. Un Moine assassin la nuit de la Saint-Barthélemy (Devinat, 56).
33. Un Crime catholique: le massacre de Wassy (Aulard, 78).
34. *Idem*, (Devinat, 54, n° 2).
35. La Visite aux Cadavres (Brossolette, 61).
36. *Idem*, (Rogie et Despiques, 88).
37. Richelieu et les Jésuites (Brossolette, 75).
38. Une Scène de Conversion pendant les Dragonnades (Aulard, 111).

(*Voir la suite à la page 3 de la couverture*).

AVANT-PROPOS

Nous croyons être utiles à nos confrères en leur signalant deux conférences très consciencieuses et véritablement saisissantes dans leur ensemble, qui ont été données aux Dames Catéchistes volontaires de la Ville de Reims pendant le Carême 1910, l'une sur les manuels de morale, l'autre sur les manuels d'histoire condamnés par NN.SS. les Evêques.

Il serait fort à propos qu'elles fussent répétées sous forme de causeries, dans les différents milieux, soit pour éclairer l'opinion ou démasquer l'hypocrisie, soit pour affermir les associations de pères de famille. C'est en vue d'assurer ce travail de vulgarisation qu'elles paraissent aujourd'hui en brochure par les soins du *Bureau Diocésain des Œuvres.*

Au lieu de citer l'un après l'autre les textes des manuels proscrits, on a essayé, dans cette étude, de les grouper sous cette idée générale et malheureusement justifiée: que les manuels de morale sont de véritables *Catéchismes d'irréligion,* et ceux d'histoire autant de *pamphlets* contre l'Eglise Catholique.

La réfutation des textes erronés s'appuie de préférence sur les témoignages d'auteurs peu favorables à l'Eglise.

Pour démontrer que LES MANUELS DE MORALE sont de véritables Catéchismes d'irréligion, on s'est demandé: 1° *Quel caractère leurs auteurs se plaisent à reconnaître eux-mêmes à la morale enseignée dans les manuels.* — C'est une morale matérialiste et athée. Ils l'avouent eux-mêmes, mais il est défendu de le répéter sous peine d'amende.

2° On a établi *qu'il n'y a pas une seule vérité de la Foi ou de la Morale chrétienne qui ne soit travestie, niée ou mise en doute dans ces manuels.* On a mis en regard l'enseignement du manuel et l'enseignement de divers chapitres du catéchisme.

3° On a montré que, *pour achever l'œuvre de déchristianisation, le manuel travaille à inspirer à l'enfant la haine et le mépris du prêtre.*

Quant AUX MANUELS D'HISTOIRE, on a remarqué d'abord que leurs auteurs ont eu un double but, un but politique: faire de bons électeurs (mais ce n'est pas ce qui a motivé la lettre épiscopale); puis un but religieux, et c'est à ce point de vue strictement religieux que se sont placés les évêques dans leur condamnation : ils ont proscrit les manuels comme autant de pamphlets contre l'Eglise.

Les auteurs de ces manuels s'étant flattés d'apprendre à l'enfant à bien penser et à bien juger, s'étant vantés de lui donner des *idées claires*, des *impressions fortes*, on a voulu précisément faire ressortir quelles idées claires, quelles impressions fortes l'enfant va recueillir de sa leçon d'histoire.

Les voici :

1. Toutes les fois que dans un récit il est question d'événements où le surnaturel intervient, comme le surnaturel n'existe pas, on peut affirmer, sans crainte de se tromper, que ce n'est pas de l'histoire, mais de la légende.

2. L'histoire n'est qu'un long tissu de crimes commis par l'Eglise catholique au cours des siècles ; l'Eglise est une institution néfaste qui mérite la haine.

3. Sans doute du Ier au XXe siècle l'Eglise a rendu aux peuples quelques services, mais elle a toujours fait le bien dans un but vil et intéressé : c'est une mercenaire habile à cacher son jeu, elle a tout juste droit au mépris.

4. La religion catholique n'a jamais été sincèrement pratiquée dans le passé que par les naïfs et les sots.

5. Le règne de l'Eglise catholique est aujourd'hui bien fini : tout d'ailleurs plutôt que le gouvernement des curés !

Nous ferons observer à nos confrères qu'ils pourraient utiliser la conférence d'histoire dont nous les entretenons, en la divisant, ce qui donnerait ainsi quatre conférences avec les intitulés suivants :

La 1re : Comment de l'enfant chrétien on fait un sceptique.

La 2e : Comment on inspire à l'enfant la haine de l'Eglise, sa mère.

La 3e : Comment on suggère à l'enfant le mépris de l'Eglise.

La 4e : Comment on inspire à l'enfant la défiance à l'égard du prêtre.

A ce texte ont été adaptées 95 vues à projections qu'on pourra se procurer à l'Œuvre diocésaine des projections (Reims, rue des Chapelains).

La conférence sur les manuels de morale pourra également être divisée et fournira très facilement matière à deux causeries distinctes. On pourrait intituler la première : *Le mauvais manuel de morale et les dogmes chrétiens* ; la seconde : *La morale chrétienne, la personne du prêtre et le mauvais manuel de morale.*

Aucune étude, à notre connaissance, n'a été faite sur la matière avec une clarté aussi frappante, sous une forme aussi accessible aux esprits les moins attentifs. On en jugera.

(Extrait du *Bulletin Pastoral* du diocèse de Reims, du 15 juin 1910.)

DEUX CONFÉRENCES
sur les Manuels scolaires condamnés

PREMIÈRE CONFÉRENCE

LES MANUELS DE MORALE

sont de véritables Catéchismes d'irréligion

La Lettre de l'Épiscopat français, condamnant quelques manuels scolaires et signalant les violations de la neutralité dans les écoles publiques, a produit une très vive émotion dans la France entière. Nos ennemis ont poussé des cris de rage. Les Amicales d'instituteurs et d'institutrices de France ont assigné devant les tribunaux les Évêques coupables d'avoir osé déclarer, qu'en beaucoup d'écoles publiques *« les maîtres ne se font pas scrupule d'outrager la Foi de leurs élèves... soit par les livres classiques, soit par l'enseignement oral, soit par mille autres industries que leur impiété leur suggère. »*

Laissant de côté, pour aujourd'hui tout au moins, *l'enseignement oral* impie. — donné malheureusement dans beaucoup d'écoles publiques et sur lequel il y aurait beaucoup à dire — je voudrais, ce soir et mercredi prochain, vous faire connaître un peu, par le détail, LES QUATORZE MANUELS CONDAMNÉS, *« dans lesquels*, disent les Évêques, *apparaît davantage l'esprit de mensonge et de dénigrement, envers l'Église Catholique, ses doctrines et son histoire. »* — Je ne me contenterai pas de vous lire quelques-unes des pages les plus saillantes de ces manuels:

Manuels de Morale, où s'affirme incontestablement une doctrine crûment matérialiste et nettement athée;

Manuels d'Histoire, où le rôle de l'Église à travers les siècles est perfidement travesti et étrangement défiguré, où tout ce qui est à son avantage est à dessein passé sous silence; où les faiblesses et les fautes de ceux qui la représentent sont complaisamment énumérées.

J'insisterai surtout sur les MENSONGES, sur les PROCÉDÉS DE DÉNIGREMENT, sur l'ART MALFAISANT mis en œuvre dans ces manuels pour amener insensiblement le lecteur: enfant naïf, jeune homme inexpérimenté, A CETTE CONVICTION que la Religion — que lui enseigne le prêtre, (que vous lui enseignez vous-mêmes) — est UNE DUPERIE ET UN MENSONGE.

C'est **le but dernier** auquel tendent, **d'une façon ouverte,** les *Manuels de Morale* qui sont, j'espère vous le démontrer, DE VÉRITABLES CATÉCHISMES D'IRRÉLIGION, **d'une façon détournée,** mais non moins dangereuse, les *Manuels d'Histoire,* qui sont autant de PAMPHLETS CONTRE L'EGLISE, uniformément représentée dans ces livres comme un instrument d'oppression et comme un obstacle au progrès des individus et des peuples.

C'est vous dire à quels périls est exposée la foi de vos petits catéchisés! Car ils fréquentent presque tous l'école publique, et, à Reims, il n'y a peut-être pas deux de ces écoles, où l'un des manuels condamnés, soit d'Histoire, soit de Morale, ne soit en usage.

Ainsi, chaque lendemain de dimanche ou de jeudi, par passion sectaire, on mine, à l'école, à l'aide du manuel impie, l'édifice de la Foi et des Vertus chrétiennes, que, par amour du Christ, vous avez essayé d'édifier, à l'aide du catéchisme, dans l'âme de ces petits.

Vous allez en juger par vous-mêmes.

I

Six manuels de morale ou d'instruction civique figurent dans la liste annexée à la Lettre collective des Evêques.

Leurs auteurs sont :

M. Aulard, professeur d'histoire de la Révolution française, à la Sorbonne;

M. Albert Bayet, ancien élève de l'Ecole normale supérieure, professeur agrégé de philosophie;

M. Payot, docteur ès-lettres, recteur de l'Académie de Chambéry;

M. Primaire. Ce dernier nom n'est probablement qu'un pseudonyme: un pseudonyme évidemment qui doit plaire aux instituteurs et institutrices primaires. (1)

---

(1) *Morale et Instruction civique,* par A. BAYET et AULARD. Cours moyen, 63e mille. Paris, Cornely.

Leçons de Morale, par J. PAYOT. 6e édition. Paris, A. Colin.

(*Voir la suite page 3.*)

Ces messieurs (je ne parle pas du dernier, car je ne sais pas qui il est) ne manquent pas de titres universitaires. Ce sont de hauts fonctionnaires de l'enseignement officiel. Par conséquent, ils doivent très bien savoir ce que parler veut dire. S'ILS CONFESSENT EUX-MÊMES que leurs livres sont impies, il faudra bien les croire. (1)

Or, que disent-ils?

Quel caractère se plaisent-ils à reconnaître eux-mêmes à la morale enseignée dans leurs manuels ?

Je vous donne leurs propres réponses !

* * *

On a souvent cité, ces temps derniers, dans une certaine presse, ce passage du « Manuel d'Education morale », de M. Primaire: « *Les fils et les filles des catholiques, des protestants, des juifs, des libres-penseurs, des mahométans, etc., peuvent venir à l'école publique laïque. Ils n'y entendront rien qui attaque les croyances religieuses de leurs parents.* » (PRIMAIRE: *Manuel d'Education morale*, p. 94.)

Voilà, disait-on, un auteur de manuel qu'on accuse bien à tort d'être un sectaire. Il admet que l'enfant ne doit rien entendre à l'école, qui attaque les croyances religieuses de ses parents. A plus forte raison, est-il d'avis que les livres de classe doivent être respectueux de toutes les croyances.

C'est très bien raisonné. Mais, malheureusement pour ceux qui prennent sa défense, M. *Primaire*, dans les deux Préfaces qu'il a mises en tête de son « Manuel de Lectures classiques » et de son « Manuel d'Education morale », n'use pas d'autant de subtilités. Et nous devons le croire, de préférence même à ses plus zélés défenseurs, lorsqu'il écrit dans l'Avant-Propos du « Manuel d'Education morale » : « *(Ce livre) est franchement laïque. A ce titre, on reconnaîtra peut-être que ce modeste ouvrage.... ne manque pas de hardiesse. Si l'on nous rend ce témoignage, nous en serons heureux et honoré.* » (PRIMAIRE: *Manuel d'Education*

La Morale à l'Ecole, par J. PAYOT (sans daté). Paris, A. Colin.

Manuel d'Education morale civique sociale, par E. PRIMAIRE (sans date)). Paris. Bibliothèque d'Education.

Manuel de Lectures classiques, par E. PRIMAIRE (sans date). Paris. Bibliothèque d'Education.

(1) A consulter comme l'ouvrage le plus complet sur cette question des Manuels condamnés (exposé et réfutation): *Ce qu'on enseigne aux Enfants dans nos Ecoles publiques*, par J. BRICOUT. Paris, Letouzey et Ané, 1910. — A consulter également: *Les Manuels condamnés*. ACTION POPULAIRE, Reims.

morale, p. 2.). L'acte des Evêques a dû faire la joie de M. Primaire.

Et il proclamait, dans l'Avant-Propos de son « Manuel de Lectures classiques »: « *Le même esprit rationaliste et laïque, d'où procède un manuel antérieur d'enseignement moral, inspire également celui-ci; l'un, d'ailleurs, continue et complète l'autre.* » (PRIMAIRE: *Manuel de Lectures classiques*, p. 3.)

L'aveu vous paraît-il assez net pour M. Primaire?

*
* *

« *Ce petit livre de morale*, déclare M. Payot dans sa Préface de la « Morale à l'Ecole », *n'est pas un recueil de sermons abstraits... L'auteur (de ce livre) y dissipe les brouillards des préjugés... Il regarde la vie en elle-même en dehors des hypothèses confessionnelles, mais aucun mot n'y peut blesser les croyances réfléchies.* » (PAYOT: *La Morale à l'Ecole*, V.)

Rien que cette expression: « *croyances réfléchies* », doit nous mettre en défiance. Si quelque proposition du petit livre de M. Payot vous choque, c'est que votre croyance est « irréfléchie » et ne mérite pas d'être respectée. Alors, de quoi vous plaignez-vous?

Mais l'auteur de la « Morale à l'Ecole » se devait à lui-même, il devait surtout à la grande armée des instituteurs et des institutrices, dont il s'est constitué un peu comme le directeur spirituel, de se prononcer plus catégoriquement sur le vrai caractère de ses deux livres de morale. Il l'a fait à la fin de la Préface de son « Cours de Morale », qui n'est qu'un commentaire de « La Morale à l'Ecole » (1): « *Nous espérons que (ce livre) sera d'une aide efficace pour les parents désireux de donner à leurs enfants une éducation morale purement rationnelle.* » (PAYOT: *Cours de Morale*, XII.) — c'est-à-dire rationaliste et athée.

*
* *

L'aveu de M. *Albert Bayet* est encore plus significatif: « *La morale enseignée dans ce manuel*, écrit-il en tête de l'Avertisse-

---

(1) *Cours de Morale*. Ce livre est « *destiné aux maîtres de l'enseignement primaire et de l'enseignement secondaire, aux écoles normales d'instituteurs et institutrices, aux étudiants et aux pères de famille. (Couverture). Il n'est pas cependant*, observe M. Payot lui-même, *ce qu'on appelle d'ordinaire un Livre du Maître, c'est le développement des matières présentées sous une forme très simple et très concrète dans « La Morale à l'Ecole ».* (Page II.)

Le même esprit inspire donc les deux manuels. Il est permis d'expliquer l'un par l'autre. Les instituteurs laïques n'agissent pas autrement.

ment de ses « Leçons de Morale », « *est laïque et positive, c'est-à-dire indépendante de toute confession religieuse et de tout système métaphysique sur l'inconnaissable.* » (BAYET: *Leçons de Morale*, I.)

Et maintenant, ces Messieurs s'étonnent et se fâchent de ce que les Evêques ont osé déclarer que la Morale enseignée dans tel ou tel manuel était une morale matérialiste et athée.

Mais pourquoi, fût-on Evêque, n'aurait-on pas le droit de répéter ce que ces Messieurs ont proclamé eux-mêmes, en tête de leurs livres, dans les termes les plus catégoriques, et souvent même avec fierté?

Mais voilà: eux seuls se croient le droit de le dire. Il est défendu à quiconque de le répéter, sous peine d'amende.

II.

Je vais donc, de gaîté de cœur, dans cette seconde partie de ma causerie, qui sera de beaucoup la plus importante, risquer l'amende, en vous montrant, textes en mains, QU'IL N'Y A PEUT-ÊTRE PAS UNE SEULE VÉRITÉ DE LA FOI OU DE LA MORALE CHRÉTIENNE QUI NE SOIT TRAVESTIE, DÉFIGURÉE, MISE EN DOUTE OU NIÉE dans l'un ou l'autre de ces manuels de morale, qui sont ainsi de VÉRITABLES CATÉCHISMES D'IRRÉLIGION.

Il m'a paru que le plus simple serait de suivre l'ordre dans lequel l'enfant qui apprend son catéchisme, s'initie aux Vérités chrétiennes. **Comment, à l'aide du mauvais manuel, cet enfant apprend-il chaque jour, à l'école, à douter de ce que le prêtre lui enseigne à l'église ?**

* * *

DÈS LA PREMIÈRE LEÇON, le Catéchisme apprend à l'enfant « *qu'il est nécessaire de connaître la doctrine chrétienne; la Religion est une chose si essentielle que ceux qui négligent de s'en instruire ne peuvent être sauvés. — C'est une grande grâce que le Bon Dieu lui a faite de le faire naître de parents chrétiens, qui se soucient de son instruction religieuse et qui l'envoient au Catéchisme.* »

Voilà ce que l'enfant entend dire à l'église. **Que lui enseigne, à l'école, son manuel de morale ?**

« *Chacun de nous*, lui dit le livre de M. Bayet, *a le droit d'avoir une religion ou de n'en avoir pas. Le droit de n'avoir aucune religion s'appelle la liberté de conscience. La liberté de conscience est un droit absolu.* » (BAYET : *Leçons de Morale*, p. 169.)

La religion, se dira l'enfant, n'est donc pas aussi nécessaire qu'on veut bien le dire au catéchisme, puisqu'on a le droit d'en avoir ou de ne pas en avoir.

Et, perfidement, le manuel lui insinue que la religion n'est cependant pas complètement inutile. Pour qui est-elle bonne ? « *Les pauvres de volonté... les faibles, les incohérents, les inquiets, les âmes malades y trouvent un appui... Elle ne les guérit pas, mais elles les calme, comme un opium bienfaisant.* » (PAYOT: *Cours de Morale*, p. 208.)

S'il adopte cette opinion sur la valeur et l'utilité de la religion, quel zèle veut-on que l'enfant apporte au catéchisme? S'il refuse d'apprendre son catéchisme, ses parents pourront-ils l'y contraindre? Ils le feront sans doute. Mais ce ne sera que par un abus criant d'autorité.

M. Payot ne nous l'envoie pas dire: « *Tandis que le père, autrefois, avait le droit de faire mourir son enfant, vos parents ont maintenant le devoir... de respecter votre dignité. Bien plus, nous pensons que personne n'a le droit de vous imposer ses croyances.* » (PAYOT: *La Morale à l'Ecole*, p. 30.)

Si l'enfant, étonné de cette dignité nouvelle, qu'il ne soupçonnait pas jusqu'alors, demande au maître quelques éclaircissements, celui-ci pourra lui lire ou lui commenter ce passage du « Cours de Morale » qui développe la même idée: « *Je ne me reconnais pas le droit, déclare M. Payot, d'imposer à mon enfant sans défense des hypothèses métaphysiques qui ne paraissent pas inoffensives pour sa liberté ultérieure... Prétendre qu'en ce qui concerne le caractère religieux... de l'enseignement à donner à ses enfants, le droit du père de famille est absolu, intangible, est une doctrine effroyable.* » (PAYOT: *Cours de Morale*, p. 150.) *Un catholique qui ne met pas en lumière (devant son fils) les arguments des non-catholiques, ne fait pas du tout son devoir d'honnête homme.* » (PAYOT: *Cours de Morale*, p. 149.)

Voilà comment on qualifie, devant l'enfant, son père et sa mère qui veulent faire de lui un croyant comme eux. En résumé, on lui dit: « *Tu es libre d'avoir de la religion ou de ne pas en avoir. La religion est, tout au plus, un calmant, un opium bienfaisant à l'usage des détraqués.* » Que reste-t-il de la première Leçon du catéchisme? Rien. Après avoir subi cet enseignement « révélateur », l'enfant consentira-t-il encore à être, comme dit élégamment M. Payot, « *de ces polichinelles qui reçoivent leurs idées toutes faites.* » (PAYOT: *Cours de Morale*, p. 208.) Il aspirera sans doute à être « *un citoyen d'intelligence libre.* » (PAYOT, *Cours de Morale*, p. 208.)

*
* *

« *La première vérité que nous devons croire,* continue le Catéchisme, C'EST QU'IL EXISTE UN DIEU. » Le petit livre développe les trois ou quatre preuves traditionnelles de l'existence de Dieu, et il conclue: « *Cette vérité de l'existence de Dieu est si claire et si certaine, qu'il faut être insensé, pour refuser d'y croire.* »

Mais le Manuel de Morale, que l'enfant feuillette à l'école, n'est pas du tout de cet avis. — « *Dans notre Manuel, nous avons supprimé, déclare M. Bayet, les chapitres relatifs à l'existence de Dieu et aux devoirs de l'Homme envers Dieu. Ces chapitres, qui pouvaient blesser certaines convictions, ont été remplacés par d'autres, dans lesquels... nous indiquons la différence entre les vérités scientifiques, que l'ignorant seul peut refuser d'admettre, et les croyances religieuses, que chacun de nous a le droit d'accepter, de rejeter ou de modifier à sa guise.* » (BAYET: Morale. Préface, I-II.)

Reportons-nous aussitôt aux leçons qu'on annonce. La première est intitulée: *Les Sciences, l'Inconnaissable.* On y lit: « *Les hommes, en étudiant les sciences, peuvent connaître exactement le monde dans lequel ils vivent. Il suffit de voyager et d'apprendre la géographie, pour connaître les cinq parties du monde, pour savoir exactement quelles montagnes s'y dressent...* » (BAYET : *Morale*, pp. 149-150.) — De même pour l'astronomie, la physiologie et la médecine. « *Toutes ces choses, que les hommes peuvent connaître exactement, en étudiant les sciences, s'appellent les vérités scientifiques, ou encore les choses connaissables. Mais il y a des choses, qu'il est impossible de connaître exactement et scientifiquement, même si on les étudie toute sa vie* (1), *parce que personne ne les a jamais vues et ne les verra jamais, c'est... par exemple, s'il existe un Dieu ou si au contraire il n'y a pas de Dieu. Nous ne le savons pas et nous ne le saurons jamais scientifiquement, quoique nous fassions..., c'est l'Inconnaissable. Ce sont surtout les Religions, qui s'occupent des choses inconnaissables.* » (BAYET: *Morale*, pp. 149-150.)

Le Manuel de M. Payot développe la même idée: « *Aucune croyance sur Dieu... n'est acceptée par tous ceux qui pensent ; nous ne pouvons faire, sur cette question, que des suppositions.* (PAYOT: *Cours de Morale*, p. 230.) — *Nous ne pouvons, sur la nature de Dieu et sur son existence même, émettre que des hypothèses invérifiables.* » (PAYOT: *Cours de Morale*, p. 199.)

M. Primaire, dans son « Manuel d'Education », ne se prononce pas contre la vérité de l'existence de Dieu d'une façon aussi catégorique. Mais l'effet produit sur l'esprit de l'enfant n'en sera pas moins très pernicieux, à cause DU DOUTE que cet auteur insinue perfidement : « SI DIEU EXISTE, écrit-il, *les nobles actions ne*

---

(1) *Même si on les étudie toute sa vie*: c'est un mot à l'adresse du prêtre, qui fait de l'étude de la religion l'occupation de sa vie.

peuvent que lui être agréables, de quelque côté qu'elles viennent.
ET S'IL N'EXISTE PAS, *le devoir ne cesse pas d'être, pour l'homme,*
toujours le même. » (PRIMAIRE : *Manuel d'Education morale,*
p. 295.) Quelle estime veut-on que l'enfant ait d'un être, dont
l'existence ou la non-existence a si peu d'importance?

Traitant la question plus à fond, le « Cours de Morale » de
M. Payot BAT EN BRÈCHE LA PREUVE QUI FAIT LE PLUS D'IMPRESSION
SUR L'ESPRIT DE L'ENFANT: « La Raison nous dit aussi qu'il y a un
Dieu, parce que s'il n'y avait pas de Dieu, le ciel et la terre
n'existeraient pas. » « *Il est absurde,* écrit-il, *de supposer une*
cause première à l'Univers, car cette cause serait, elle-même, sans
cause. » (PAYOT: *Cours de Morale,* p. 190.) — Voilà l'argument
vainqueur. Mais, soit dit en passant, si cette cause première avait
une cause, elle ne serait pas première, elle ne serait que seconde,
ou le français n'est plus le français.

Après ce trait, M. Payot égratigne, quelques lignes plus loin,
LE DOGME DE LA PROVIDENCE: « *Comme, durant l'Empire Romain*
et le Moyen Age, les chrétiens ont toujours vécu sous des gouver-
nements arbitraires, et qu'eux-mêmes, lorsqu'ils purent opprimer
les dissidents, le firent avec cruauté, on ne peut s'étonner que la
majorité des fidèles de cette religion ait pu accepter la croyance
à un gouvernement arbitraire de l'Univers. Qu'une telle con-
ception fut destructive de la Majesté divine et de la Raison, voilà
ce que les foules chrétiennes ignorantes ne purent discerner. »
(PAYOT: *Cours de Morale,* p. 200.) — Donc, ceux qui croient à la
Providence, sont des ignorants. « *Tout nous prouve,* conclut
M. Payot, *que l'Inconnaissable ne s'occupe guère de nous, et que,*
si nous voulons plus de justice, c'est à nous de travailler à la
rendre plus complète. » (PAYOT: *Cours de Morale,* p. 219.)

Je doute que toute personne, qui raisonne, accepte cette
conclusion comme bien démontrée. Sans doute, « *nous ne sa-*
vons le tout de rien »; mais de quel droit nier la valeur du raisonnement et des principes de la raison? En partant des faits
incontestables de l'existence des êtres qui nous entourent ou des
êtres que nous sommes nous-mêmes, et en s'appuyant sur le
principe non moins incontestable de Causalité, NOUS DÉMONTRONS
AVEC CERTITUDE L'EXISTENCE DE DIEU, d'un Dieu qui est un Esprit
parfait, une Personne distincte du monde. Nous dire qu'il n'y a
de scientifique, de connaissable, que ce qu'on a vu, que ce qu'on
peut voir, est une affirmation gratuite, qu'on ne prouve pas.

L'un de ceux que M. Bayet lui-même appelle « *un Grand*
Homme, l'illustre savant français Pasteur » (BAYET : *Morale.*
Lexique, p. 176), jugeait en ces termes, dans son discours de
réception à l'Académie Française (27 avril 1882), cette affirmation
gratuite de nos auteurs de Manuels de Morale: « *Je me demande*

au nom de quelle découverte nouvelle, philosophique ou scientifique, on peut arracher de l'âme humaine ces hautes préoccupations (la croyance à l'existence de Dieu et à l'immortalité de l'âme). »

Pasteur citait ensuite le trait suivant: « *On raconte que l'illustre physicien anglais Faraday, dans les leçons qu'il faisait à l'Institution royale de Londres, ne prononçait jamais le nom de Dieu, quoiqu'il fût profondément religieux. Un jour, par exception, ce nom lui échappa, et, tout à coup, se manifesta un mouvement d'approbation sympathique. Faraday, s'en apercevant, interrompit sa leçon par ces paroles:* « JE VIENS DE VOUS SURPRENDRE EN PRONONÇANT ICI LE NOM DE DIEU. SI CELA NE M'EST PAS ENCORE ARRIVÉ, C'EST QUE JE SUIS, DANS CES LEÇONS, UN REPRÉSENTANT DE LA SCIENCE EXPÉRIMENTALE. MAIS LA NOTION ET LE RESPECT DE DIEU ARRIVENT A MON ESPRIT PAR DES VOIES AUSSI SÛRES QUE CELLES QUI NOUS CONDUISENT A DES VÉRITÉS DE L'ORDRE PHYSIQUE. » — Ainsi parlait Pasteur, en pleine Académie Française. Le démenti qu'il infligeait à la théorie favorite de MM. Payot, Bayet et Primaire: « *Dieu, c'est l'Être inconnaissable* », est-il assez catégorique ?

Oserai-je, après Pasteur, citer quelqu'un qui ne le vaut pas, au point de vue scientifique, mais qui a, peut-être, plus que Pasteur, les sympathies de MM. les auteurs de Manuels de Morale? Que dit, sur cette question de l'existence de Dieu, « *le grand historien Michelet, cet ardent défenseur de la démocratie et des droits de la société laïque* » (BAYET: *Morale.*) « *ce grand génie de la France républicaine* » (PRIMAIRE: *Manuel de Lectures*, p. 17.)? — « *Je ne puis me passer de Dieu. L'éclipse momentanée de la haute idée centrale assombrit ce merveilleux monde moderne des sciences et des découvertes. Tout est progrès, tout est force, et tout manque de grandeur. Il y a, certes, poésie, mais l'ensemble, l'harmonie, le pœme, où sont-ils Je ne les vois pas. Je ne puis me passer de Dieu.* » (1)

C'est également le sentiment d'un célèbre écrivain contemporain, homme d'esprit s'il en fut jamais, M. *Jules Lemaître*, de l'Académie française: « *Ne pas croire en Dieu, écrit-il, c'est nier le mystère de la vie de l'Univers, c'est nier le plaisir que nous fait cette chose insensée qui est la vertu, c'est nier le frisson qui nous prend devant le silence éternel des espaces infinis, c'est déclarer que tout, dans notre destinée et dans les choses, est clair comme eau de roche et qu'il n'y a rien, mais rien du tout, à expliquer. Or, c'est cela qui est stupide.* » (2)

---

(1) Cité par Mgr BOUGAUD: *Christianisme et Temps présents*, t. V, IV, III.

(2) *Les Contemporains*, t. III. RICHEPIN. Leçène et Oudin.

Sans doute, mais l'enfant, qui fréquente l'école primaire, ne lit ni Pasteur ni Jules Lemaître; son intelligence n'est pas cultivée; il est incapable de raisonner par lui-même. **De son Manuel, il retiendra simplement les paroles de négation :** « *Dieu, c'est l'Inconnaissable.* » — « *On ne peut faire, sur son compte, que des suppositions.* » — « *On ne l'a jamais vu, donc il n'existe pas.* »

*
* *

Après lui avoir démontré l'existence de Dieu, le Catéchisme apprend à l'enfant que Dieu, lui-même, a parlé aux hommes « *Grâce à La Révélation nous savons,* lui dit-il, *comment l'univers a été créé,* — *comment l'homme est apparu sur la terre,* — *quelle est la vraie religion,* — *quel est Celui qui l'a fondée.* — *Toutes ces vérités, qui intéressent si fort l'humanité, sont consignées dans les Livres Saints, dans l'Ancien et le Nouveau Testament, dans les Evangiles, qui sont des Livres inspirés.* »

L'enseignement du Catéchisme va-t-il recevoir de nouveaux démentis dans le Manuel de Morale ?

Il y a eu une Révélation, dit le Catéchisme. Dieu a parlé à Moïse sur le Mont Sinaï. N.-S. Jésus-Christ a complété la révélation mosaïque : « *Moïse,* lit-on dans le « Cours de Morale », *aurait reçu, sur le Sinaï, une révélation de Javeh lui-même... Mais la croyance en une révélation directe, faite par Dieu, présente de graves dangers... En plaçant la vérité toute faite dans le passé, elle tend à faire naître une certitude orgueilleuse, hostile aux autres révélations religieuses, intolérante pour les critiques les plus raisonnables.* » (Payot: *Cours de Morale,* p. 202.) — « *Il serait évidemment plus aisé de trouver la vérité toute faite dans le passé, mais nous savons, aujourd'hui, que la part de la vérité que nous possédons, n'a été conquise que lentement, par les millions d'hommes qui ont observé, réfléchi, expérimenté.* ». (Payot: *Cours de Morale,* p. 204.) C'est donc une vérité bien démontrée; la Révélation, dont parle le Catéchisme, n'a jamais existé.

D'ailleurs, les Livres Saints, qui rapportent cette Révélation, ne méritent aucune créance. « *Heureusement pour le progrès de la pensée humaine,* proclame M. Payot, *la critique des textes... a cessé d'avoir pour les Livres Saints un respect superstitieux. Dans une eau qui paraît limpide, l'analyse découvre des sels en dissolution et des bactéries. Ainsi dans les livres, où une foi confiante trouvait la parole même de Dieu, l'examen discerna bien des éléments indignes d'une pareille origine. Les Livres de Moïse contiennent des erreurs, que les progrès de la science rendent inacceptables, par exemple les légendes de la Création, de la for-*

*mation de la première femme, de la chute originelle de l'homme,
du déluge, etc. »* (PAYOT: *Cours de Morale*, p. 203.)

« LES ÉVANGILES *eux-mêmes contiennent des conceptions, morales, qui choquent la conscience moderne.* » (PAYOT: *Cours de Morale*, p. 203.) La Science, libre de s'attaquer aux Livres sacrés des Religions, *« a découvert qu'ils ne pouvaient avoir été révélés par un Être souverainement bon et intelligent. Ils datent d'une époque d'ignorance et de faible développement intellectuel et moral.* » (PAYOT: *Cours de Morale*, p. 190.)

POUR REMPLACER CES LÉGENDES, que le Catéchisme présente cependant à l'enfant comme autant de vérités religieuses fondamentales, le Manuel s'empresse d'ajouter que *« la Science a reconstitué le passé de la race humaine et agrandi notre horizon. Depuis plus de deux cent mille ans, l'homme n'a pas cessé de s'affranchir de plus en plus de ces fatalités intérieures qui sont la preuve d'*UNE ORIGINE ANIMALE. » (PAYOT: *Cours de Morale*, p. 192.)

Si le « Manuel d'Education morale » de M. Primaire ne dit pas à l'enfant, en termes formels, QUE NOUS DESCENDONS DU SINGE, que nous sommes de la même famille, du moins il le fait entendre: *« Pareils aux grands animaux, aux grands singes de nos forêts, l'homme primitif en avait aussi les mœurs. Il n'y avait, pour lui, ni morale, ni lois... Ce n'était qu'une brute. »* (PRIMAIRE: *Manuel d'Education morale*, p. 4.) — Suit l'inévitable page de M. *Anatole France*, sur l'homme des cavernes, *« qui ne connaissait que la peur et la faim »* et *« ressemblait à une bête. »* (BAYET: *Morale*, p. 172; PRIMAIRE: *Manuel d'Education morale*, p. 8.) Cette page fait probablement partie du texte du nouvel Evangile matérialiste, car elle est citée dans tous les Manuels.

On dirait vraiment, à lire ces Messieurs, que les premiers âges du monde n'ont aucun secret pour eux. Ils affirment que l'homme date de plus de deux cent mille ans. Ils affirment, mais au fond qu'en savent-ils? Les savants les plus sérieux se contenteraient de dix à quinze mille ans. Quelles preuves apportent les Manuels? Quelles preuves peuvent-ils apporter de l'origine bestiale de l'homme et de l'universelle sauvagerie primitive? Aucune.

« Si vous leur demandez leurs preuves, remarque le grand naturaliste A. *de Quatrefages,* membre de l'Académie des Sciences, *ils vous répondent que les faunes et les flores éteintes ont laissé fort peu de restes, que nous connaissons seulement la moindre partie de ces antiques archives, que les faits témoignant en faveur de leur doctrine, sont sans doute ensevelis sous les flots, avec les continents submergés. Cette manière de voir,* conclut Darwin, *atténue beaucoup, si elle ne les fait pas disparaître, les difficul-*

tés. Mais, je le demande, dans quelle branche des connaissances humaines, autres que ces questions obscures, regarderait-on les problèmes comme résolus, précisément parce qu'on ne sait rien de ce qu'il faudrait savoir, pour les résoudre. » (1)

Au surplus, les hommes préhistoriques diffèrent essentiellement des bêtes. Ils ont la raison, et ils le prouvent. Les armes, les outils primitifs qu'ils emploient, témoignent d'une intelligence différente de celle des animaux. Du reste, une certaine évolution n'a rien qui nous effraye. Car, avant de varier, il faut exister. Evolution et création ne se contredisent pas.

En définitive, la préhistoire n'a rien qui ébranle nos croyances en un Dieu créateur et à la Révélation primitive. Comme il conviendrait, surtout à des esprits qui se disent scientifiques, d'être réservés sur un terrain encore si peu exploré jusqu'ici. Mais on affirme sans aucunes preuves. Car il s'agit de frapper l'imagination de l'enfant. Comprendra-t-il tout ce fatras de paroles ? J'en doute. **Mais il retiendra l'essentiel, à savoir :** que « *l'Evangile n'est par le Livre divin tel qu'on le lui présente à l'église* » ; **que** « *la Révélation est une fable* »; **que** « *les histoires de la Création du monde, de la Création d'Adam et d'Eve, de la chute originelle, ne sont que des histoires pour rire* », **et bientôt il en rira.**

* *
*

Poursuivant son étude de la Religion, L'ENFANT ARRIVE EN FACE DE LA GRANDE FIGURE DE JÉSUS. Son Catéchisme lui dit: « *C'est le Fils de Dieu fait homme. Il a prouvé sa divinité en accomplissant les prophéties, en faisant de nombreux miracles. Il est mort pour toi sur la croix. Le troisième jour, Il est ressuscité d'entre les morts. Avant de remonter au Ciel, Il a fondé l'Eglise. La véritable Eglise de Jésus-Christ, c'est l'Eglise catholique dont le Pape, successeur de Pierre, est le chef suprême. Le Pape est assisté des Evêques, qui, eux-mêmes, ont les Prêtres pour auxiliaires. Tu leur dois respect et obéissance, car Jésus-Christ a dit à ses Apôtres et à leurs successeurs:* « Qui vous écoute m'écoute, qui vous méprise, me méprise. »

Quel est, sur cette question, le langage des Manuels ?

Si les Manuels parlent, à l'enfant, DE LA PERSONNE ADORABLE DE JÉSUS, c'est pour lui « *révéler* » que « *Jésus fut un Sage, qui se disait lui-même Fils de Dieu. Après sa mort, ses disciples racontèrent qu'il était ressuscité et le représentèrent comme né d'une Vierge et non seulement comme Fils de Dieu, mais comme Dieu*

---

(1) A. DE QUATREFAGES: *L'Espèce humaine* (6ᵉ édit.), p. 74. (Paris. Alcan.)

lui-même. » (AULARD: *Notions d'Histoire générale*, p. 19.) C'est LA NÉGATION BRUTALE de la Divinité du Sauveur.

M. Payot arrive au même résultat PAR UN PROCÉDÉ DÉTOURNÉ. Il « LAÏCISE » la personne adorable de Notre Seigneur, tout en se défendant de lui manquer de respect. Il le range AU NOMBRE DES GRANDS HOMMES, auxquels il prodigue son admiration: « *Qu'on passe en revue Fulton, l'inventeur du premier bateau à vapeur; Jacquard, l'inventeur du métier à tisser... et, dans l'ordre de la pensée, Socrate, condamné à boire la cigüe, le Christ crucifié, Luther réduit à se cacher, Galilée condamné à la rétractation, Spinoza excommunié, Tolstoï anathématisé, oui, les bienfaiteurs de l'humanité ont eu à lutter contre la meute hurlante des préjugés.* » (PAYOT: *Cours de Morale*, p. 144.)

Qui ne sent tout ce que cette promiscuité voulue a de choquant pour nous? Plutôt que de rabaisser le Christ au niveau de Luther, de Spinoza ou de Tolstoï, qu'on le laisse donc reposer en paix sur la croix! Mais non, il s'agit de l'en descendre, de peur que l'enfant chrétien ne continue à reconnaître en Lui son Sauveur et son Dieu.

Jésus-Christ, dit le Catéchisme, *a prouvé sa divinité* EN ACCOMPLISSANT DE NOMBREUX MIRACLES. — « *Parmi les millions de découvertes de la Science, déclare M. Payot, jamais on n'a trouvé une violation de la loi de causalité... Un savant qui invoquerait, pour expliquer un phénomène, un miracle, provoquerait la risée des autres savants.* » (PAYOT: *Cours de Morale*, p. 199.) — « *Aussi, en face d'une minorité d'esprits scientifiques, voyons-nous les intelligences peu éclairées admettre le surnaturel, les miracles.* » (PAYOT: *Cours de Morale*, p. 200.)

Essayez, après cela, de parler à l'enfant des miracles de Notre Seigneur. Docile à l'invitation de son Manuel, il ne consentira probablement plus à être du nombre « *de ces impulsifs, de ces irréfléchis... qui... poussés par les forces incohérentes des sentiments... vivent dans une rêverie vague, où... les contradictions et les absurdités cessent d'être perçues...* » Il aura un sourire de pitié pour ces gens peu éclairés, à qui... *il faut les solutions toutes préparées par les traditions venues des époques d'ignorance et d'imagination..., des prodiges et des miracles.* » (PAYOT: *Cours de Morale*, p. 195.)

« *Jésus-Christ*, continue le Catéchisme, *a prouvé sa divinité* EN PRÊCHANT UNE DOCTRINE TOUTE DIVINE. » « *Le Christianisme, déclare M. Payot, n'a condamné ni la guerre, ni l'esclavage. Il a répandu des flots de sang dans des persécutions atroces et dans des guerres religieuses. Ses Livres saints, écrits par un peuple guerrier, ont familiarisé les fidèles avec la violence. Jehovah a bien des traits d'un despote cruel et vindicatif. A ce point de vue particulier, le Christianisme est inférieur au Boudhisme, et il n'a accompli qu'une partie de la mission, qui incombe aux éducateurs.* » (PAYOT: *Cours de Morale*, p. 193.)

Je pourrais essayer de vous montrer, moi-même, combien cette théorie, qui pose en principe, sans discussion, qu'il n'y a pas de surnaturel, est antiscientifique. Je m'en garderai bien. Car, s'il se trouve dans l'auditoire quelque adversaire, il pourrait être tenté de suspecter mon impartialité. **Je préfère laisser la parole à des écrivains libre-penseurs,** qu'on ne soupçonnera pas de tendresse exagérée envers l'Eglise catholique et ses doctrines: « *Si l'on posait en principe, sans discussion,* écrit M. Paul Janet, philosophe rationaliste et professeur à la Sorbonne, *qu'il n'y a pas de surnaturel, on enchaînerait par là même sa liberté... On se fermerait les yeux pour être plus sûr de voir clair. On s'interdirait, d'avance et systématiquement, de reconnaître pour vrai ce qui peut l'être. Telle est la liberté de beaucoup de libres-penseurs qui prennent pour principe ce qui est précisément en question.* » (1) — C'est exactement ce que font les auteurs de Manuels lorsqu'ils déclarent dédaigneusement qu'un homme intelligent ne saurait parler de miracles, sans provoquer la risée.

Mais, cette attitude dédaigneuse, cette fin de non recevoir systématique, ne se justifient pas aux yeux de la raison. Je laisse la parole à Victor Hugo. Il a apprécié cette attitude et ce procédé en de tels termes, qu'il me semble presque impossible de pousser plus loin la critique: « *Remplacer l'examen par la moquerie, c'est commode,* écrit-il, *mais c'est peu scientifique... Un savant qui rit du possible est bien près d'être un idiot... Eluder un phénomène, lui refuser le paiement d'attention auquel il a droit, l'éconduire, le mettre à la porte, lui tourner le dos en riant, c'est faire banqueroute à la vérité, c'est laisser protester la signature de la science.* » (2)

Déjà, au siècle précédent, celui que M. Payot lui-même appelle « *un grand philosophe* », Jean-Jacques Rousseau, écrivait cette phrase plutôt brutale: « *Dieu peut-il faire des miracles? c'est-à-dire peut-il déroger aux lois qu'il a établies? Cette question, sérieusement traitée, serait impie si elle n'était absurde. Ce serait faire trop d'honneur à celui qui la résoudrait négativement, que de le punir. Il suffirait de l'enfermer.* » (3) — Paul *Janet*, Victor *Hugo*, *Jean-Jacques Rousseau* ont vécu et sont morts en dehors de l'Eglise Catholique. Leur témoignage n'est donc pas suspect.

---

(1) PAUL JANET: *Les Problèmes du XIXe siècle*, p. 28. Calman-Lévy.
(2) VICTOR HUGO: *William Shakespeare*, I-II, i. Hetzel.
(3) JEAN-JACQUES ROUSSEAU: *Troisième Lettre de la Montagne.*

S'agit-il, maintenant, de prendre partie, dans ce procès de tendance que les Manuels intentent à la doctrine même de Jésus-Christ ? Voici l'aveu d'un écrivain notoirement hostile à l'Eglise, le critique *Sainte-Beuve: « Prenez les plus grands des modernes antichrétiens... quiconque a méconnu complètement Jésus-Christ, regardez-y bien, dans l'esprit ou dans le cœur, il lui a manqué quelque chose. »* (1)

Après avoir enregistré cet aveu significatif, faites donc lire à l'enfant ce morceau d'allure lyrique, où *Châteaubriand détaille* LA RÉVOLUTION MORALE OPÉRÉE PAR JÉSUS-CRIST. Je doute, qu'après avoir lu et compris cette page de Châteaubriand, où le raisonnement se poursuit, serré et impeccable, l'enfant souscrive jamais à cette théorie de son Manuel, « QUE LA DOCTRINE DE JÉSUS EST, A UN CERTAIN POINT DE VUE, INFÉRIEURE AU BOUDHISME. » — « *Voici que le fils d'un charpentier, dans un petit coin de la Judée, est un modèle de douleurs et de misères. Il est flétri publiquement par un supplice, il choisit ses disciples dans les rangs les moins élevés de la société, il ne prêche que sacrifices, que renoncement aux pompes du monde, au plaisir, au pouvoir. Il préfère l'esclave au maître, le pauvre au riche, le lépreux à l'homme sain; tout ce qui pleure, tout ce qui a des plaies, tout ce qui est abandonné du monde, fait ses délices; la puissance, la fortune et le bonheur sont au contraire menacés par lui. Il renverse les notions communes de la morale; il établit des relations nouvelles entre les hommes, un nouveau droit des gens, une nouvelle foi publique. Il élève ainsi sa divinité, triomphe de la religion des Césars, s'assied sur leur trône et parvient à subjuguer la terre.*

Non, quand la voix du monde entier s'élèverait contre Jésus-Christ, quand toutes les lumières de la philosophie se réuniraient contre ses dogmes, jamais on ne nous persuadera qu'une religion, fondée sur une pareille base, soit une religion humaine. Celui qui a pu faire adorer une croix, celui qui a offert pour objet de culte aux hommes, l'humanité souffrante, la vertu persécutée, celui-là, nous le jurons, ne saurait être qu'un Dieu. » (2)

*
* *

Après le Maître, c'est le tour de L'EGLISE, SON OEUVRE.

Sous quel aspect les Manuels condamnés présentent-ils à l'enfant l'Eglise fondée par Jésus-Christ ?

« *Dans le sein même du Christianisme,* déclare M. Payot, *les sectes s'excommunient mutuellement. Le protestantisme et le*

---

(1) SAINT-BEUVE: *Port-Royal,* III, 368. (1848.)
(2) CHATEAUBRIAND: *Génie du Christianisme,* IV, III, i.)

*catholicisme sont, en outre, déchirés par des dissensions intes-
tines. La force la plus conservatrice du Christianisme, le catholicisme, subit lui-même, en ce moment, une crise profonde. Qu'est-
ce à dire, sinon qu'aucune de ces sectes ne détient une vérité
assez universelle pour faire l'union des croyants. »* (PAYOT: *Cours
de Morale*, p. 190.) — Voilà l'Eglise Catholique exécutée: elle ne
détient pas, comme elle veut bien le prétendre, toute la vérité
religieuse.

Que faut-il penser de l'autorité de son chef : le Pape ?

*« La soumission à une autorité: Bible, Concile ou Pape, a été
bienfaisante... autrefois... Mais aujourd'hui que la Raison peut
faire sa propre police, cette soumission ne paraît pas sans préju-
dices... Elle est souvent le point de départ d'une duperie volontaire
de soi-même, qui met en danger la sincérité de l'esprit. »* (PAYOT:
Cours de Morale, VIII.) — On donne donc congé au Pape. On n'a
plus besoin de ses services.

Aux Evêques, M. *Payot* réserve cette aménité: *« Le Progrès
serait bien plus rapide, si le gouvernement de l'Eglise n'était, par
la force même des choses, un gouvernement de vieillards. »*
(PAYOT: *Cours de Morale*, p. 198.)

L'auteur garde toutes ses sympathies **pour les hérétiques.**
*« Ce sont, dit-il, de courageux penseurs, sans lesquels nous se-
rions encore plongés dans les plus sottes superstitions. »* (PAYOT:
La Morale à l'Ecole, p. 204.)

Et, de peur que l'enfant ne soit sensible à cette remarque de
son Catéchisme: *« que l'Eglise Catholique est plus ancienne que
toutes les sectes séparées d'elle, qu'elle remonte aux Apôtres »*,
on l'avertit *« qu'ils mentent, qu'ils méritent qu'on se moque d'eux,
ceux qui voudraient nous obliger à respecter une croyance peu
raisonnable, sous prétexte qu'elle est très ancienne. »* (PAYOT :
La Morale à l'Ecole, p. 146.)

** * **

Il n'y a plus, ni Dieu, ni Christ, ni Eglise. Pour que tout l'édifice chrétien soit à bas, il reste à ébranler, dans l'âme de l'enfant,
LA CROYANCE A L'IMMORTALITÉ DE L'AME ET A LA VIE FUTURE.

L'assaut est général.

« Nous ne savons pas, déclare le Manuel de M. Bayet, *si, après
la mort, il y a une autre vie, dans laquelle les bons sont récom-
pensés et les méchants punis, ou si, au contraire, après la mort,
il n'y a pas d'autre vie. »* (BAYET : *Morale*, p. 148.) *« Comme on
ne peut pas savoir scientifiquement ce qu'il y a après la mort,
les hommes ont essayé de le deviner et ils ont fait, à ce sujet,
un grand nombre de suppositions. Les uns ont dit, qu'après la
mort, il n'arrivait rien du tout. D'autres ont cru, qu'après la*

*mort les hommes se trouvaient en présence d'un être éternel...
qui les jugeait.* » (BAYET: *Morale*, p. 155.)

Le Manuel de M. Payot enseigne également que la raison est
incapable de prouver l'immortalité de l'âme. « *Aujourd'hui, nous
avouons notre ignorance totale, concernant une vie de l'âme,
après la mort. Libre à chacun d'imaginer une survie, telle qu'il
l'espère. En outre, subordonner l'existence actuelle à une existence surnaturelle, après la mort, n'est pas sans danger. L'activité
devient fatalement égoïste.* » (PAYOT: *Cours de Morale*, p. 207.)

Quelques pages plus loin, l'auteur s'applique à démontrer
« QU'IL N'EST PAS BESOIN DE SANCTIONS APRÈS LA MORT. *Le besoin,
que tant de gens éprouvent d'une justice posthume, est... très
étrange. C'est pure effronterie, que de réclamer une justice absolue, quand nous plongeons si profondément dans l'injustice.* »
(PAYOT : *Cours de Morale*, p. 219.) Pour croire ces sanctions né-
cessaires, il faut se faire « *une conception très vulgaire et très
fausse du bonheur.* » (PAYOT : *Cours de Morale*, p. 218.) — Dans
une autre vie, il y aura, dit-on, pour les bons, ici-bas astreints
au travail, pauvres et méprisés, la contre partie. « *Qu'est-ce à
dire, sinon, qu'à leur tour, ils pourront ne rien faire et qu'ils
mangeront du chevreuil, des gâteaux, qu'ils fumeront des ha-
vanes, qu'ils boiront du champagne, qu'ils porteront du linge
glacé et des bottines vernies.* » (PAYOT : *Cours de Morale*, p. 219.)

« *Conception bien basse,* » conclut le Manuel. **Sans doute,
mais peut-on prétendre, de bonne foi, que ce soit là la conception que l'enseignement catholique nous donne du
bonheur du Ciel ?** « *En outre,* ajoute M. Payot, *si nous avions
la certitude d'une justice posthume absolue, tout mérite dispa-
raîtrait, nos bonnes actions ne seraient que des placements de tout
repos.* » (PAYOT: *Cours de Morale*, p. 220.) — En résumé, « *l'an-
tique croyance au Ciel et à l'Enfer est la forme poétique et comme
une projection en dehors de ce qui se passe réellement dans notre
conscience.* » (PAYOT: *Cours de Morale*, p. 225.)

Si le Ciel et l'Enfer n'existent pas, que va-t-on faire DES
ANGES et DES DÉMONS ? — « *On disait, autrefois, que chaque
enfant avait son ange gardien, qui veillait sur lui et qui l'aimait.*»
(PAYOT : *Morale à l'Ecole*, p. 121.) — C'est donc que, maintenant,
on ne le dit plus. — Les démons continuent d'exister. Seulement,
ils se sont mués EN MICROBES. « *Quant aux esprits malins, c'est
par les découvertes des Pasteur, des Duclaux, et par la connaissance des lois de l'hygiène, qu'on les neutralise aujourd'hui.* »
(PAYOT: *Cours de Morale*, p. 207.)

Essayez, après cela, de parler à l'enfant du Ciel et de l'Enfer.
Vous avez affaire à un jeune sceptique qui ne croit plus,
comme on l'a dit vulgairement, **ni à Dieu ni à diable.**

BIBLIOTHÈQUE NATIONALE — R. F. — IMPRIMÉS

III

Tous les dogmes sont à bas. **Quelle morale va-t-on enseigner à l'enfant ?** Je n'en dirai qu'un mot.

Cette morale est FRANCHEMENT LAÏQUE, — comme tient à le proclamer M. Primaire jusque sur la couverture de son « Manuel de Lectures ».

Pourquoi faut-il faire le bien et éviter le mal ? — Le prêtre dit à l'enfant: « *Il faut faire le bien et éviter le mal, parce que Dieu le veut. Faire le mal, c'est offenser Dieu, qui nous aime et qui peut nous punir.* » — C'est le mobile chrétien du devoir, auquel est sensible même l'enfant le plus jeune.

Naturellement, les Manuels condamnés n'en ont cure. Pour fonder le devoir, ils ne connaissent que LA RAISON. Il ne s'agit pas de pouvoir se dire: « *Dieu le veut* », mais: « *la Raison le veut.* » — Le Manuel de M. Bayet y va de son exemple. Cet exemple est trop bien choisi, pour que je résiste au plaisir de vous lire le passage dans son entier: « *Savez-vous pourquoi nous devons aimer tous les hommes, quelle que soit leur patrie, leur religion?* » C'est le questionnaire. — Voici la réponse: « *Si les Anglais et les Français se détestaient et ne voulaient pas se rendre service les uns aux autres, les Français refuseraient d'envoyer leurs vins en Angleterre, et les Anglais n'auraient pas de bons vins. Mais les Anglais refuseraient à leur tour d'envoyer leurs cotons en France, et les Français n'auraient pas de bonnes étoffes de coton. De cette façon, les Anglais et les Français seraient malheureux.* » (BAYET: *Morale*, p. 86.)

Un commerçant français peut tenir ce raisonnement. Qu'il évite de se brouiller avec les marchands de coton anglais, c'est tout naturel. Mais la Morale n'est pas affaire de gros sous. On le croirait, cependant, à entendre M. Bayet déclarer: « *Les seules actions bonnes, sont les actions utiles.* » (BAYET: *Morale*, p. 2.) — « *Il ne faut pas*, écrit encore M. Bayet, *se laisser éblouir par le mot même de « devoir », comme s'il était, par lui-même, sacré et intangible. Ce qui doit nous être sacré, c'est le bonheur de l'humanité, et les devoirs ne sont sacrés eux-mêmes qu'autant qu'ils peuvent servir à mieux assurer ce bonheur.* » (BAYET : *Précis de Morale*, pp. 4-5, note.)

Si LA RAISON (R majuscule) ne suffit pas, il y a LA LOI. Si vous n'obéissez pas à la Raison, vous obéirez à la Loi. « *Les tribunaux poursuivent ceux qui refusent de nourrir leurs parents. Ils sont forcés de payer, etc...* » (BAYET : *Morale*, p. 63.) « *Les faux témoins sont punis des travaux publics, etc...* » (BAYET : *Morale*, p. 106.) — Ce qui revient à la morale du « pas vu, pas pris », dont on connaît les résultats.

A la place de Dieu, on a mis la Raison, et, à défaut de la Raison, LA LOI, pour laquelle on essaye d'inculquer à l'enfant UN RESPECT SUPERSTITIEUX. « *La Loi est notre sauvegarde. Quand on la viole* — c'est M. Primaire qui parle aux enfants — *soyons debout pour la défendre.* » Il continue: « *Si une Loi vous déplaît, libre à vous de parler, d'écrire ou de voter pour la faire changer par le Parlement; mais, tant qu'elle est la Loi, nous devons lui obéir.* » (PRIMAIRE : *Manuel d'Education morale*, p. 198.) — Le Manuel de M. Bayet est encore plus catégorique. On doit travailler sans cesse à perfectionner les Lois, mais à la condition que, « *même quand une Loi nous semble inique* » (BAYET: *Précis de Morale*, pp. 237-238), on ne se permette pas de l'enfreindre.

Je n'ai pas, pour la *Déclaration des Droits de l'Homme de 1789*, et celle *de 1793*, cette espèce de vénération superstitieuse, qu'éprouvent, à l'égard de ces deux documents de l'époque révolutionnaire, certains de nos concitoyens. Mais on me permettra, cependant, de faire observer, que ces deux déclarations disent, l'une à *l'article 2*, que, parmi les droits naturels et imprescriptibles de l'homme, « *il faut compter la résistance à l'oppression* », et l'autre, à *l'article 35*, que « *quand le gouvernement viole les droits du peuple, l'insurrection est, pour le peuple et pour chaque portion du peuple, le plus sacré des droits et le plus indispensable des devoirs.* » — Jean-Jacques *Rousseau* écrivait dans le même sens: « *Lorsqu'une loi est abusive (injuste), les citoyens doivent, en la transgressant, lui fournir l'occasion de sévir contre eux, car plus elle sera appliquée souvent et mieux ressortira, aux yeux de tous, aux yeux du juge lui-même, le vice qui doit en amener l'abrogation.* » — N'est-ce pas enfin *Mirabeau*, qui s'écriait un jour: « *Si vous votez cette loi, je jure d'y désobéir?* » (1)

Quoi qu'en pensent les auteurs de Manuels, cette Morale laïque, uniquement fondée sur la Raison, sur la Science, voire même sur la Loi, est une Morale vaine. Sans Dieu, sans vie future, sans sanctions d'outre-tombe, il ne peut pas y avoir d'obligation.

— Pourquoi serais-je OBLIGÉ de chercher à contribuer au Progrès et au Bonheur de la race humaine? Il me plaît d'être sot et méchant.

— Mais, pour être heureux, il faut faire ceci, éviter cela.

— Mais il me plaît de chercher mon bonheur ailleurs!

— Mais vous avez une dette à payer.

— Une dette! Il me plaît de ne pas payer mes dettes.

---

(1) Textes cités par Mgr RICARD: *Lettre Pastorale*, 5 juillet 1909.

— Mais il est conforme à la Raison de payer ses dettes. C'est dans l'ordre.

— La Raison, l'ordre, mais c'est de la métaphysique, tout cela... suppositions! Hypothèses invérifiables!

Et voilà, comment de l'enfant chrétien craignant Dieu, faisant le bien et évitant le mal pour Lui plaire, on fait un apache, à qui ces grands mots de Solidarité, de Raison et d'Ordre n'en imposent pas du tout, et qui pratique la « Morale indépendante » du « pas vu, pas pris ».

S'il lui reste, par hasard, quelques scrupules SUR L'USAGE IN-DIFFÉRENT DU TIEN ET DU MIEN, M. *Bayet* se charge de les dissiper d'une façon définitive, dans sa leçon sur « Le travail ». La parole est à *Jean-Jacques Rousseau*. Je dédie le passage aux bourgeois radicaux-socialistes, qui ont conservé intact et vivace, au plus profond de leur cœur, le culte du Dieu coffre-fort: « *Celui qui mange dans l'oisiveté ce qu'il n'a pas gagné lui-même, LE VOLE ; et un rentier que l'Etat paye pour ne rien faire, ne diffère guère, à mes yeux, d'un brigand qui vit aux dépens des passants.* » (BAYET: *Morale*, p. 125.)

Après cela l'enfant, devenu grand, trouvera sans doute que M. *Payot* est bien sévère, lorsqu'il traite les anarchistes de « *rêveurs naïfs.* » (PAYOT : *Morale à l'Ecole*, p. 198.) — Ce sont plutôt des justiciers.

IV

L'enfant est libéré de toute croyance et de toute morale religieuses; il reste pour achever l'œuvre de déchristianisation et la rendre définitive, A LUI INSPIRER LA HAINE ET LE MÉPRIS DU PRÊTRE.

Les Manuels y parviennent en représentant à l'enfant le prêtre comme un être fourbe, immoral et malfaisant. Je n'en finirais pas, si je voulais vous signaler tous les passages de ces livres, où ce procédé infâme est employé.

*
* *

Tout d'abord, LA VIE que mène le prêtre est UNE VIE IMMO-RALE. — « *Le célibat est permis lorsque le célibataire est le soutien de frères et de sœurs, à l'éducation desquels il consacre sa vie et sacrifie son bonheur. Il est immoral dans le cas contraire, lorsqu'il est volontaire.* » (1)

______

(1) CH. POIRSON: *Manuel Elémentaire de Morale*, p. 25. Cet ouvrage, couronné par la Société pour l'instruction élémentaire, n'est pas inscrit sur la liste des livres condamnés, mais il est certainement l'un des Manuels les plus odieusement hostiles à la foi chrétienne.

Un peu plus loin, à propos des associations: « *Quelques associations défendues par la morale, sont cependant tolérées par la Loi, notamment celles qui imposent à leurs membres des obligations immorales, telles que le célibat, la mendicité ou la claustration; celles qui s'enrichissent, non par le travail, mais grâce aux donations et legs qui leur sont faits, et qu'elles provoquent; celles qui prescrivent à leurs membres de prononcer certains vœux, c'est-à-dire de se rendre esclaves pour la vie ou pour un temps; celles qui autorisent la polygamie....* » (Ch. POIRSON : *Manuel de Morale,* p. 35.)

C'est à l'aide de ces notions, que l'enfant appréciera à sa valeur la vie du prêtre qui le prépare à faire sa Première Communion. Elle est immorale. C'est M. *Primaire* qui, dans son « Livre de Lectures », montre aux enfants « *un Cardinal, Louis de Rohan, un prince de l'Eglise, comme on disait, vivant dans la débauche à Saverne* », — et, un peu plus loin, « *des tas de moines, des files de carmes déchaussés, de cordeliers, de capucins, mendiant et se gobergeant depuis le premier jour de l'an jusqu'à la Saint-Sylvestre.* » (PRIMAIRE: *Manuel de Lectures,* 159-163.) — J'entends d'ici les enfants demander des explications!

*
* *

Il importe surtout que l'enfant ne croie plus à la parole du prêtre. LE PRÊTRE EST UN MENTEUR.

On cite avec complaisance, en la démarquant, la page de Pascal contre « *les doctrines jésuitiques des restrictions mentales* », contre l'art immoral « *de dire la vérité tout bas* » — et « *un mensonge tout haut.* » (BAYET : *Morale,* p. 111.) — On intitule cette lecture: « *Dialogue entre un Père Jésuite et un honnête homme.* » — Comme cette antithèse est habilement trouvée et comme elle frappera l'esprit de l'enfant!

— « *Je veux maintenant vous parler,* dit le Jésuite, *des facilités que nous avons apportées, pour faire éviter les péchés dans les conversations. Une chose des plus embarrassantes, est d'éviter le mensonge, et surtout quand on voudrait bien faire croire une chose fausse. C'est à quoi sert admirablement notre doctrine* des *équivoques, par laquelle il est permis d'user de termes* ambigus, *en les faisant comprendre autrement qu'on ne comprend soi-même. — Mais savez-vous bien comment il faut faire, quand on ne trouve point de mots équivoques ?*

— *Non, mon Père.*

— *Je m'en doutais bien,* dit-il, *cela est peu connu. C'est la* doctrine des restrictions mentales. *On peut jurer qu'on n'a pas fait une chose, quoiqu'on l'ait faite effectivement, en sous-enten-*

dant *qu'on ne l'a pas faite* à un certain jour *ou qu'on ne l'a pas faite* avant d'être né.

— *Comment, mon Père, n'est-ce pas là un mensonge, et même un parjure?*

— *Non, me dit le Père, et il y a un autre moyen sûr d'éviter un mensonge. C'est qu'après avoir dit tout haut: « Je jure que je n'ai point fait cela », on ajoute tout bas: « aujourd'hui ». Vous voyez bien que c'est dire la vérité.*

— *Je l'avoue, lui dis-je, mais nous trouverions peut-être, que c'est dire la vérité tout bas et un mensonge tout haut.* » (BAYET: *Morale*, p. 111.) — Sales curés! va! M. Bayet espère bien que ce cri d'indignation, exprimé un peu grossièrement, mais peu importe, jaillira du cœur et des lèvres de ses jeunes lecteurs.

« *Vous savez sans doute, écrit M. Payot, qu'on encourage la délation chez les Jésuites et dans les maisons imbues de leur esprit.* » (PAYOT : *Cours de Morale*, p. 159.) — Vadécard sortirait-il d'une jésuitière?

On cite encore, avec complaisance, cette phrase de Voltaire: « *Tandis que le désastre étonnant des Calas affligeait ma sensibilité, un homme, dont vous devinez l'état à ses discours, me reprocha l'intérêt que je portais à une famille qui m'était étrangère.* » — En note, M. Primaire pose cette question: « *C'était un Père Jésuite. Pourquoi le devine-t-on à ses discours?* » (PRIMAIRE : *Manuel de Lectures classiques*, pp. 128-131.)

Le clergé, les Jésuites qui pratiquent le mensonge, sous couleur de dire la vérité, ont aussi pour doctrine constante, que la calomnie est permise contre les adversaires. Pascal le démontre clairement dans sa 15ᵉ Provinciale: « *Ce n'est qu'un péché véniel, disent-ils, en 1645, de calomnier et d'imposer de faux crimes, pour miner de créance ceux qui parlent mal de nous... Ils sont calomniateurs en sûreté de conscience.... — La 16ᵉ Provinciale contient des exemples effroyables de leur audace... — La presse impudente qui suit leurs enseignements, mérite qu'on lui applique ces terribles paroles de ce grand honnête chrétien qu'était Pascal: « LA VÉRITÉ ÉTANT CONTRAIRE A VOS FINS, IL A FALLU METTRE VOTRE CONFIANCE AU MENSONGE.* » (PAYOT : *Cours de Morale*, p. 109.)

Croyez-vous, après cela, que l'enfant sera porté à avoir grande confiance dans le prêtre ? Je me permets d'en douter. Comment se fierait-il à celui qu'on lui représente, à tout propos, comme un fourbe et un menteur?

*
* *

Pour faire croire à l'enfant que LE PRÊTRE EST UN ÊTRE DUR ET MÉCHANT, on se sert, ô ironie, d'un passage même de l'Evangile. On cite *la parabole du Bon Samaritain*. En note, on ajoute: « *Alors que le prêtre est passé, indifférent, près de la victime, c'est un Samaritain, c'est-à-dire un hérétique, qui le soigne et le sauve.* » (PRIMAIRE: *Manuel d'Education morale*, p. 279.) — On met une note, mais on se garde bien de faire observer, dans la note, qu'il s'agit ici d'un prêtre juif. Toutes les occasions sont bonnes pour nous frapper.

Le dessein de rendre le prêtre odieux à l'enfant, EN LE LUI PRÉSENTANT COMME UN MONSTRE CAPABLE DE TOUTES LES CRUAUTÉS, transparaît à toutes les pages des deux Manuels de M. Primaire: « *L'Inquisition... dressa, aux portes de Séville, son échafaud de pierre, dont chaque coin portait un prophète, statue de plâtre creux, où l'on brûlait des hommes. On entendait les hurlements. On sentait la graisse brûlée, on voyait la fumée, la suie de chair humaine, mais on ne voyait pas la face horrible, ni les convulsions du patient.* » (PRIMAIRE: *Manuel de Lectures classiques*, pp. 14-16.) — L'auteur a bien soin de faire observer que « *l'Inquisition était une justice ecclésiastique, un tribunal de prêtres.* » Ce n'est pas vrai pour l'Espagne, où l'Inquisition fut, avant tout, entre les mains des Rois. Les Papes, loin d'être complices, protestèrent souvent contre les abus de l'Inquisition espagnole.

« *Le 9 février 1600, après deux années passées dans les geôles de l'Inquisition, Giordano Bruno fut conduit au palais du Grand Inquisiteur. Là, en présence des cardinaux, des théologiens consulteurs du Saint-Office... il fut forcé de s'agenouiller et d'écouter sa sentence. Cette sentence... concluait en déclarant qu'il devait être remis au bras séculier, pour être puni avec autant de clémence qu'il se pourrait, et sans effusion de sang, ce qui signifiait, dans l'infernale hypocrisie du langage de l'Eglise, le supplice du feu. Bruno monta sur l'échafaud avec le plus grand courage... Comme il allait mourir, on lui présenta un crucifix, il détourna la tête avec dédain... n'était-ce pas au nom de ce Christ, dont on lui présentait l'image à baiser, que, après l'avoir retenu pendant huit ans dans les cachots de Venise et de Rome, on le brûlait aujourd'hui?* » (PRIMAIRE: *Manuel de Lectures classiques*, pp. 113-114.)

L'infernale hypocrisie de l'Eglise, le mâle courage de Giordano Bruno et son refus de baiser le crucifix, autant de détails fortement mis en relief dans le récit, pour impressionner les enfants et leur inspirer l'horreur de l'Eglise et du prêtre.

Dans le Manuel de M. Bayet, c'est exactement le même procédé. Un morceau de lecture, d'après Michelet, termine *la vingt-sixième Leçon sur la Tolérance*. Le texte, par lui-même, est déjà caractéristique. Mais la gravure qui l'accompagne et le questionnaire qui le suit, en accentuent encore, s'il est possible, le caractère anticlérical: « *Sous Louis XIV, un grand nombre de protestants, ayant refusé de devenir catholiques, furent envoyés aux galères. On y envoya même des enfants de douze à quinze ans. Les aumôniers des galériens, presque tous, étaient des Lazaristes fort durs. Ils furent les très cruels persécuteurs des forçats protestants. Ils les empêchaient de recevoir les charités de leurs pères; quiconque était surpris, distribuant cet argent, devait mourir sous le bâton..................................*

...Les Lazaristes traitèrent presque de même les protestants qui ne pliaient pas les genoux à la messe. »

Le morceau se termine par cette apostrophe: « *Souviens-toi, peuple de France! Ce serait une chose trop commode aux tyrans, si l'histoire ne racontait pas ces exécrables souvenirs.... Souviens-toi! »*

Questionnaire :

« *Qu'est-ce qu'une galère? Qu'est-ce qu'un Lazariste? Pourquoi Michelet veut-il que les Français se souviennent de ces choses? »* (Bayet : *Morale*, pp. 163-165.)

L'enfant ne connaît, des Lazaristes, que ce qu'il a lu dans son « Manuel de Morale ». Il répondra, sans hésiter: « *C'étaient des prêtres très cruels, qui faisaient mourir sous le bâton les protestants, qui ne pliaient pas les genoux à la messe. »*

L'enfant pourrait peut-être, par légèreté, lire cette page perfide, sans trop en sentir le venin. Une gravure, éminemment suggestive, fixera l'attention de l'élève. Elle est de nature à frapper vivement son imagination. On aperçoit, à l'arrière-plan, plusieurs maisons qui flambent. Un groupe d'hommes et de femmes se traînent aux pieds d'un moine, qui les repousse d'un air inexorable, pendant que des soldats, à pied et à cheval, frappent, à coups de sabre et à coups de crosse, les malheureux suppliants. Au premier plan, un officier et un second moine sont en contemplation devant cette scène hideuse. Leur figure respire un béat contentement.

Faut-il s'étonner, après cela, qu'il y ait, dans les jeunes générations: des enfants, des jeunes gens, des jeunes filles, QUI SOIENT INTIMEMENT CONVAINCUS, que le prêtre est un être malfaisant, un vulgaire sorcier qui spécule sur la sottise humaine. **Ce prêtre enseigne une religion dont tous les dogmes sont des fables ; il prêche une morale arriérée et gênante, qu'il ne pratique pas lui-même. C'est l'être intolérant par excellence. Haine et mépris au prêtre.**

Après cette mise en regard des affirmations de notre catéchisme catholique, et des négations des Manuels de Morale condamnés, peut-on prétendre, de bonne foi, comme l'a soutenu M. le

Procureur de la République près le Tribunal de Reims : *« qu'à part quelques inhabiletés de langage, ces Manuels ne contiennent rien qui porte atteinte à la neutralité scolaire ordonnée par la Loi »*?

Il y a dans ces livres, n'en déplaise à M. le Procureur de la République, plus que *des inhabiletés de langage*. Et les maîtres, qui en imposent l'usage aux enfants qui fréquentent l'Ecole publique, **commettent**, comme l'ont écrit les Evêques, **l'inqualifiable abus de confiance de mettre, entre les mains d'enfants catholiques, sous le nom de Manuels de Morale, de véritables catéchismes d'irréligion.**

« Eh bien, je le demande à tous les hommes de bonne foi, croyants ou incroyants, écrivait dans *« l'Echo de Paris »* M. le comte Albert de Mun, *est-ce qu'un père, est-ce qu'une mère qui croient en Dieu, qui croient à l'immortalité de l'âme, à la vie future, peuvent, sans trahir leurs devoirs, laisser aux mains de leur enfant, d'un enfant de dix à onze ans, à la veille de sa Première Communion, des livres qui, dans cette âme sans défense, vont dessécher à l'avance le germe de toutes les croyances?*

Est-ce qu'un Evêque, investi par sa charge, près de ces parents souvent illettrés, mal informés, de la plus haute des missions, du soin d'éclairer leurs consciences, peut, sans forfaire à l'honneur, abandonner par son silence, à de telles leçons, les âmes de ces petits? »

On pourra condamner les Evêques de France. On les condamnera sans doute, mais on ne les fera pas taire. Mgr le Cardinal l'a dit lui-même aux Juges du tribunal de Reims: *« Evêques établis de Dieu pour enseigner aux fidèles les vérités de la foi et les préceptes de la morale et pour les prémunir contre les périls, auxquels ils peuvent être exposés, nous avions le rigoureux devoir de parler, nous ne pouvions pas ne pas signaler les dangers que courent des enfants incapables de se défendre.... Espère-t-on vraiment contraindre les Evêques à se taire, tandis que l'école où les jeunes catholiques sont obligés de s'asseoir, tous les jours, durant de longues années, enseignera que le Christianisme est une erreur, la liberté humaine une fiction, la vie éternelle un leurre?*

Si on y a compté, on s'est trompé, on se trompe aujourd'hui comme on s'est trompé déjà si souvent. » (1)

---

(1) *Déclaration* de S. E. le Cardinal Luçon. (21 janvier 1910.)

LES MANUELS D'HISTOIRE
sont de véritables pamphlets contre l'Église catholique

Les Evêques de France écrivaient, dans leur Lettre pastorale du 14 septembre dernier: *« Nous condamnons, collectivement et unanimement certains livres de classe, qui sont plus répandus et dans lesquels apparaît davantage l'esprit de mensonge et de dénigrement envers l'Eglise catholique, ses doctrines et son histoire. »* J'ai essayé de vous démontrer, dans ma précédente causerie, que les Manuels de Morale étaient de véritables Catéchismes d'irréligion. — Mais la liste des livres condamnés contient, surtout, des « Histoires de France ». Huit ouvrages de ce genre sont signalés.

Leurs auteurs sont :

M. *Calvet*, agrégé d'Histoire, censeur du Lycée Michelet (projection 1.); (1)

Mme *Guiot*, directrice de l'Ecole-annexe à l'Ecole normale d Aix (proj. 2.);

M. *Mane*, professeur de septième au Lycée de Marseille;

M. *Rogie*, ancien inspecteur de l'enseignement primaire à Reims (proj. 3-4.);

M. *Despiques*, agrégé d'Histoire, proviseur du Lycée de Valenciennes;

M. *Devinat*, directeur de l'Ecole normale d'instituteurs de la Seine (proj. 5.);

M. *Brossolette*, professeur à l'Ecole normale d'instituteurs de la Seine (proj. 6.);

M. *Aulard*, professeur d'Histoire de la Révolution française à la Sorbonne (proj. 7.);

M. *Debidour*, inspecteur général de l'Instruction publique.

Certains de ces auteurs, comme MM. Aulard et Debidour, sont de gros personnages dans l'Université. D'autres, tels MM. Calvet, Despiques et Mane, appartiennent au personnel de l'enseigne-

---

(1) Chacune des 95 vues éditées par l'OEuvre diocésaine des Projections est annoncée en ces termes: projection 1; proj. 2, etc.

ment secondaire. Quatre, enfin, Mme Guiot, MM. Rogie, Devinat, Brossolette, sont des membres de l'enseignement primaire. D'un livre à l'autre, il existe, cela va sans dire, des différences notables. La valeur technique n'est pas égale et l'exposition, plus ou moins hostile, reflète les tendances particulières des auteurs. (1) **Mais ces divergences ne les empêchent pas d'avoir un esprit commun, et surtout de poursuivre un but uniforme.**

Ce but est *double :*
d'abord faire croire à l'enfant que *la véritable histoire de France ne commence qu'à la Révolution.* — Avant, il n'y avait que privilèges et servitudes. Depuis, c'est le règne de la Liberté et de l'Egalité. — Dans l'enfant, qui est encore assis sur les bancs de l'école, on voit déjà poindre l'électeur de demain. — On lui fait un épouvantail de l'Ancien Régime et des gouvernements disparus. On célèbre, devant lui, les bienfaits de l'Age d'or de la République radicale-socialiste. — C'est là *le premier but* que poursuivent les auteurs de Manuels, dans leur déformation systématique de l'Histoire. Je ne m'arrêterai pas — comme certains l'ont fait — à vous signaler tout ce que cette manière de concevoir et de présenter l'Histoire de France à l'enfant, comporte d'inexactitudes, voire même d'injustice. Certes, il serait piquant de voir, comment tous les anciens Rois de France, comment surtout les gouvernements plus récents: premier et second Empire, Restauration, Monarchie de Juillet, République de 1875, passent un mauvais quart d'heure avec ces Messieurs. Napoléon surtout, devant quelques-uns d'entre eux, n'en mène pas large. Comme Monsieur Cardinal au Pape, ils lui disent crûment son fait. (Proj. 8, 9, 10, 11.)

---

(1) *Histoire de France,* par CALVET. Cours moyen (sans date). 39 gravures. Bibliothèque d'Education. Paris.

Histoire de France, par E. DEVINAT. Cours moyen, édition 1908-1909. 350 gravures. 71 compositions illustrées. — Ancienne Maison Quantin. Paris.

Histoire de France, par L. BROSSOLETTE. Cours moyen (sans date). 325 illustrations. 10 gravures hors texte. — Ch. Delagrave. Paris.

Histoire de France, par AULARD et DEBIDOUR. Cours moyen (sans date). 190 illustrations. — Cornely. Paris.

Histoire de France, par GAUTHIER et DESCHAMPS. Cours moyen. 3º édition. 628 gravures. — Delaplane. Paris.

Histoire de France, par GUIOT et MANE. Cours moyen (sans date). 160 gravures.

Histoire de France, par ROGIE et DESPIQUES. Cours moyen (sans date). — Félix Juven. Paris.

Petites Lectures sur l'Histoire de la Civilisation française. 150 gravures. — Félix Juven. Paris.

Mais, pour moi, là n'est pas la question. Que dans les Manuels condamnés s'étale une partialité révoltante contre l'Ancien Régime et les gouvernements politiques disparus, les Evêques, comme tout autre lecteur, l'ont remarqué sans doute. Mais ce n'est pas cela qui a motivé « LEUR JUGEMENT DOCTRINAL ». Ils se sont placés au point de vue strictement religieux. Ils ont uniquement condamné les Manuels d'Histoire à cause de la guerre perfide et plus ou moins sournoise, que leurs auteurs y mènent, presque à chaque page, contre l'Eglise et la Foi catholique. L'important, dans cette causerie, sera donc de bien établir et de démontrer clairement que ces Manuels d'Histoire sont, avant tout, DES PAMPHLETS dirigés contre l'Eglise catholique, DES PAMPHLETS RÉDIGÉS DANS LE DESSEIN SECRET DE DÉTRUIRE LA FOI DANS L'AME DES ENFANTS.

COMMENT FAIRE CETTE PREUVE? Certains ont pensé y parvenir, en citant *in extenso*, dans l'ordre chronologique, tous les passages des Manuels, où l'Eglise est attaquée. Mais cette longue énumération ne laisse pas d'être un peu fastidieuse. J'ai renoncé à cette méthode. Il m'a paru préférable *de demander aux adversaires eux-mêmes le fil conducteur, qui devra nous guider dans cette démonstration.* M. Aulard est le seul, parmi les auteurs de Manuels d'Histoire, qui se permette de déclarer que l'esprit de son Manuel est « *franchement démocratique et laïque.* » (Préface.) — Mais les uns et les autres ne cachent pas, dans leurs Préfaces ou Avant-Propos, qu'ils ont l'intention « *de provoquer un incessant appel au jugement de l'enfant,* » (ROGIE et DESPIQUES.) « *de faire réfléchir les enfants.* » (CALVET.) — « *Nous avons combiné chacune de nos leçons, récits, gravures, lectures, résumés, de manière à laisser à l'enfant une* IDÉE CLAIRE, UNE IMPRESSION FORTE. » (BROSSOLETTE.) « *Des idées, des jugements fournis aux élèves, dans la leçon aussi bien que dans les exercices d'intelligence et de réflexion qui accompagnent la leçon, font (du Manuel) un livre qui apprend* A BIEN PENSER ET A BIEN JUGER. » (GAUTHIER et DESCHAMPS.)

Le dessein est louable ; mais, alors, pourquoi ne pas nous demander quels seront, sur l'Eglise catholique et son rôle dans l'Histoire, LES IDÉES, LES JUGEMENTS de l'enfant de l'école laïque, qui aura appris, dans l'un ou l'autre des Manuels condamnés, A BIEN PENSER et A BIEN JUGER ?

Ces idées claires, les voici :

1. — « *Toutes les fois que, dans un récit, il est question d'événements, où le surnaturel intervient, comme le surnaturel n'existe pas, on peut affirmer, sans crainte de se tromper: Ce n'est pas de l'histoire, ce n'est que de la légende.* » — C'est LA

PREMIÈRE IDÉE CLAIRE que l'enfant retirera de la lecture de son Manuel d'Histoire.

2. — « *L'Histoire n'est qu'un long tissu de crimes commis, au cours des siècles, par l'Eglise catholique. L'Eglise est donc une institution néfaste et sanguinaire qui mérite la haine.* » — C'est LA DEUXIÈME IDÉE CLAIRE qui viendra naturellement à l'esprit de l'élève.

3. — « *Sans doute, du Ier au XXe siècle, l'Eglise a rendu aux peuples quelques services. Mais elle a toujours fait le bien dans un but vil et intéressé: par amour de l'argent. C'est une mercenaire habile à cacher son jeu. Elle a tout juste droit au mépris.* » — C'est LA TROISIÈME IDÉE CLAIRE.

4. — « *La religion catholique n'a jamais été sincèrement pratiquée, dans le passé, que par les naïfs et les sots.* » — QUATRIÈME IDÉE CLAIRE.

5. — « *Le règne de l'Eglise catholique est aujourd'hui bien fini. Tout d'ailleurs, plutôt que le gouvernement des curés.* ». — CINQUIÈME ET DERNIÈRE IDÉE CLAIRE.

Il me reste à vous démontrer, textes en mains, que je n'exagère rien, et que, si ce malheureux enfant — que je mets en scène — tient ce langage abominable, il ne fait que répéter docilement ce qu'il a appris, à l'école, dans son Manuel d'Histoire.

Tout, en effet, dans son livre, est savamment combiné: *récits, lectures, résumés, questionnaires, gravures,* pour lui donner ces IDÉES CLAIRES, ces IMPRESSIONS FORTES, qu'on peut résumer d'un mot: **haine et mépris à l'Eglise catholique.**

I

« *L'esprit qui anime ce livre,* écrit M. Aulard, *est franchement laïque.* » — On peut lire, sur la couverture du Manuel de M. Devinat, cet avis de l'éditeur: « *L'ancienne Maison Quantin ne publie, comme livres scolaires, que des ouvrages de pédagogues... manifestement animés de l'esprit laïque.* » (Proj. 12.) — Les auteurs des autres Manuels ne confessent pas si ingénument leurs intentions. Mais comment voulez-vous que l'enfant, à la longue, ne remarque pas, que toute expression, toute parole, tout fait qui, de près ou de loin, se rapportent au Surnaturel, sont soigneusement bannis de son livre d'Histoire ; que, si le livre mentionne un fait de ce genre, c'est toujours pour le révoquer en doute et le déclarer légendaire.

*
* *

Cette laïcisation s'opère d'abord, soigneusement, SUR LES NOMS DE SAINTS. Ce serait à croire que le titre de Saint, décidément, ne se porte plus à notre époque. En tout cas, on lui réserve le même sort qu'aux titres surannés d'Eminence et de Monseigneur dans les assignations des Amicales d'Instituteurs. On l'ignore.

Les Manuels de MM. *Guiot* et *Mane, Devinat, Brossolette*, ne tombent pas dans ce travers. Je m'empresse de le reconnaître. Mais le Manuel de MM. *Rogie* et *Despiques* ne connaît que « *l'évêque Pothin, l'esclave Blandine* » (page 10), « *l'évêque de Reims Remi* » (page 14), « *Martin de Tours qui évangélisa les campagnes* » (page 10), « *le Roi Louis IX, qui fit les deux dernières croisades* » (page 33), « *Vincent de Paul... qui fut le premier à organiser la bienfaisance publique* » (page 102).

Parlez à MM. *Gauthier* et *Deschamps* de Saint Remi, de Saint Louis, etc. Saint Remi n'existe pas, c'est « *l'évêque de Reims* » celui qui négocia « *cette conversion, qui assura à Clovis un triomphe complet* » (page 4). — Saint Louis n'existe pas davantage. C'est « *le Roi Louis IX, l'ami de la Justice* » (page 14. Proj. 13). — « *L'histoire*, écrit le même auteur, *a le devoir de mettre au rang des bienfaiteurs de l'humanité* LE BON VINCENT DE PAUL. » (p. 62; proj. 14.) Le questionnaire, qui fait suite à la leçon, est du même style: « *Nommez un grand ami du peuple au* XVII° *siècle?* » (p. 63.)

M. *Calvet* laïcise également Saint Vincent de Paul. Il présente à l'élève « *Vincent de Paul, un homme de grand cœur.* » (p. 115.) Quant à dire que « *ce bon Vincent de Paul* », que « *cet homme de grand cœur* » était un prêtre, le fondateur de la Congrégation des Lazaristes, vous n'y comptez pas! Que dirait M. A. Bayet, qui s'est réservé de traiter cette question dans son « Manuel de Morale » ? A la fin de son chapitre « sur la tolérance », au questionnaire, M. A. Bayet pose, à l'élève, cette interrogation: « *Qu'est-ce qu'un Lazariste?* » Et dans le morceau de lecture qui précède, il lui fournit la bonne réponse: « *Les Lazaristes étaient des prêtres forts cruels. Sous Louis XIV, ils étaient, presque tous, aumôniers des galériens. Ils se montrèrent les très cruels persécuteurs des forçats protestants, les empêchant de recevoir les charités de leurs frères, poursuivant même de leur haine les protestants qui ne pliaient pas les genoux à la messe.* » (BAYET: *Morale*, pp. 163-164.) (Proj. 15.) — Pauvre Saint Vincent de Paul! voilà tout ce que l'enfant chrétien saura jamais des services rendus par tes fils en France et dans les missions lointaines.

Cette laïcisation des noms de Saints prête à rire. Le procédé est enfantin. Je le reconnais. **Il fera cependant, plus qu'on ne le pense, impression sur l'esprit de l'enfant.** En effet, on lui parle du même individu à l'école et à l'église. On lui dit, à l'église: c'est un Saint; à l'école: c'est un Grand Homme. Lequel de ces deux personnages lui semblera-t-il le vrai? Car l'enfant est trop simpliste pour accepter cette dualité. Qu'arrivera-t-il? Le plus souvent, par respect humain ou par forfanterie, l'écolier abandonnera la formule chrétienne.

*
**

Cette laïcisation des noms de Saints, n'est évidemment pas suffisante, pour bannir complètement de l'histoire le surnaturel. Aussi le grand art, chez nos auteurs de Manuels, CONSISTE-T-IL A OFFRIR AUX ENFANTS UNE HISTOIRE, D'OÙ L'ACTION DIVINE EST COMPLÈTEMENT ABSENTE. Il y a comme un mot d'ordre donné. Tous, sans aucune exception, adoptent la même attitude, en ce qui concerne les événements de l'Histoire, qui, de près ou de loin, supposent l'intervention du surnaturel : *ou* le Manuel passe ces faits complètement sous silence, de manière que l'enfant n'en ait même pas connaissance; *ou*, s'il en parle, toujours un mot, une expression, une phrase, adroitement insérés dans le texte de la leçon, avertissent, plus ou moins discrètement, le lecteur que *le fait n'a jamais eu lieu* et que *cette histoire n'est qu'une belle légende.*

Le procédé est habile. Quelques exemples vont vous permettre de juger combien surtout il est perfide.

L'histoire de Jeanne d'Arc conversant avec les Anges et les Saints du Paradis est trop connue, pour que les Manuels puissent se permettre de la passer sous silence. Ils en disent tous au moins un mot. MAIS L'ENFANT EST, CHAQUE FOIS, BIEN ET DÛMENT AVERTI QUE CES VOIX ET CES VISIONS DE JEANNE D'ARC ÉTAIENT PUREMENT IMAGINAIRES. « *A Chinon,* raconte le Manuel de MM. Guiot et Mane, *...apparaît une obscure bergère... Elle assure que* DANS SES RÊVERIES, *tandis qu'elle faisait paître les troupeaux, elle a entendu des voix qui lui disaient:* « *Va, va au secours du roi de France.* » (p. 65; proj. 16.) Le Manuel de M. Aulard emploie la même expression: « *C'était une jeune paysanne de la frontière lorraine, ignorante, rêveuse, extatique.* » (Edit. de 1895, p. 37.) La formule employée par MM. Rogie et Despiques est encore plus captieuse: « *Elle menait une vie solitaire à la campagne... La guerre défrayait alors toutes les conversations... les villages en feu, la fuite devant l'ennemi, le retour de ses frères blessés, avaient fait sur elle* UNE VIVE IMPRESSION. EXALTÉE *par par ces misères, très pieuse,* ELLE SE CRUT *désignée par Dieu pour sauver la France... Pendant cinq ans elle entendit* COMME DES VOIX DE SAINTS ET DE SAINTES... » (p. 52.) C'était l'ardeur de *son patriotisme et l'amour du souverain et du peuple qui se manisfestaient chez elle sous une forme religieuse.* » (p. 52.) — Les Voix et les Visions de Jeanne d'Arc s'expliquent ainsi tout naturellement. Ce fut, chez cette petite campagnarde, une affaire de nerfs surexcités. Les autres Manuels emploient des expressions équivalentes: « *Jeanne était une paysanne douce et pieuse qui* PRIT POUR UN ORDRE DE DIEU *les appels de son cœur.* » (CALVET, p. 51.) « *Elle suppliait souvent ses saintes de secourir son pays et son roi. Et* IL LUI SEMBLAIT *que ses saintes lui répondaient.* » (DEVINAT, p. 24.) « *Dès l'âge de quatorze ans,* ELLE CRUT *entendre des voix.* » (GAUTHIER et DESCHAMPS, p. 25.) « ELLE CROYAIT *avoir entendu des voix.* » (BROSSOLETTE, p. 38.)

Je n'insiste pas. Comme moi, vous l'avez remarqué. **Dans chacune de ces phrases, il y a un mot qui porte, une expression qui immunise l'enfant contre le Surnaturel.** L'expression varie d'un Manuel à l'autre: « *Elle crut entendre — Il lui semblait — Elle prit pour un ordre de Dieu, etc.* » — Mais l'idée qui se dégage de la phrase est la même dans tous les Manuels: *Jeanne d'Arc fut une hallucinée. Elle-même fut dupe de son imagination. Quoi qu'elle ait pu dire, elle n'a certainement jamais conversé avec les Anges et les Saints du Paradis, pour cette raison péremptoire qu'Anges et Saints n'ont jamais existé.* Voilà comment, à l'aide d'une formule savante, tout en racontant, même intégralement, le fait, on donne habilement congé au Surnaturel. (1)

Quand le fait est moins connu, quand l'obligation d'en parler ne s'impose pas, LES MANUELS PRÉFÈRENT, GÉNÉRALEMENT, LE PASSER SOUS SILENCE. C'est de la médecine préventive. De la sorte, l'enfant du peuple, qui ne lira probablement jamais d'autre livre d'histoire que son Manuel d'école, ne soupçonnera même pas que tel ou tel événement a même pu exister.

Il s'agit de raconter la conversion du roi Clovis. Tous les Manuels, sauf celui de MM. Guiot et Mane, semblent s'être entendu **pour escamoter prestement le vœu de Clovis à Tolbiac,** vœu qui ramena la victoire dans le camp des Francs, et qui fut la cause déterminante de la conversion du Roi.

Les uns n'en disent pas un seul mot: « *Pour avoir l'appui des Evêques,* déclare M. Devinat, *Clovis se fit chrétien avec*

---

(1) Un infime détail, tiré du Manuel de M. Brossolette, montre jusqu'où cet auteur pousse le souci de la laïcisation: « *Jeanne,* écrit-il, *indiquait aux populations quel était le vrai Roi, l'oint du seigneur.* » (p. 39.) (proj. 17.)

Le texte porte l'oint du seigneur sans S majuscule. Mais l'oint du seigneur sans S majuscule, c'est un contre-sens. Jamais aucun « seigneur » n'eut cette fonction. Seul « le Seigneur », c'est-à-dire Dieu, consacrait les Rois. O puissance de la neutralité, qui va jusqu'à modifier l'orthographe et à minusculiser les S cléricales. (Cf. *Les Manuels condamnés:* ACTION POPULAIRE, p. 36.)

On dira peut-être, il est vrai, que c'est une faute d'impression.

tous ses guerriers. » (Page 5.) C'est tout. — « *Clovis,* racontent MM. Gauthier et Deschamps, *dont le but était de conquérir la Gaule, s'était fait baptiser à Reims, après la victoire de Tolbiac, par l'Evêque Remi.* » (Page 4.) Même silence sur le vœu de Clovis. — « *Clovis,* écrit M. Brossolette, ...*bat les Alamans à Tolbiac. Comment expliquer ces rapides succès de Clovis? Il avait épousé une princesse chrétienne, Clotilde. Lui-même s'était fait baptiser à Reims... en 496.* » (Page 9.) M. Aulard adopte une formule équivalente: « *Vainqueur à Tolbiac des Alamans, Clovis se fit baptiser avec plusieurs de ses soldats.* » (Page 16.) MM. Rogie et Despiques emploient une formule intermédiaire: « *A l'occasion d'une bataille indécise contre les Alamans, Clovis promit de se convertir au Christianisme pour la victoire de ses soldats.* » — Promit à qui? A Dieu évidemment. Mais le nom de Dieu, conformément à la nouvelle conception de la neutralité, n'est pas prononcé. Seul, M. Calvet manque, sur ce point, à la règle du silence: « *Les Evêques,* écrit-il, *racontent qu'à Tolbiac, Clovis, voyant fuir ses troupes battues, avait promis de se faire chrétien, s'il était vainqueur, et qu'il avait, en effet, gagné la bataille. La promesse de Clovis n'est qu'une belle légende.* » (CALVET, p. 11.)

Le silence systématique, observé par les autres Manuels, est évidemment encore préférable à ce récit tendancieux. Il serait fastidieux de relever tous les exemples de silence systématique, qu'on peut observer dans les Manuels. L'exemple, que je viens de citer, suffit pour vous donner une idée du procédé.

*
* *

Quant AUX RÉCITS TENDANCIEUX, plus ou moins ouvertement agressifs contre le surnaturel, dans certains Manuels, ils sont la monnaie courante.

L'histoire de Jeanne d'Arc n'est pas la seule à être défigurée.

M. Brossolette raconte, en termes fort acceptables, LA MORT DES PREMIERS MARTYRS DE LA GAULE. De suite, il ajoute ce correctif: « *L'Eglise a entouré de légendes la mort de ces martyrs.* » (BROSSOLETTE, p. 6.)

Le même auteur rapporte le DISCOURS DE SAINTE GENEVIÈVE AUX PARISIENS : « *Ne quittez point votre ville, Attila n'y viendra pas, disait Sainte Geneviève aux Parisiens effrayés. Les Huns, en effet, ne songèrent point à s'approcher de Paris. Ils marchèrent droit sur la ville d'Orléans.* » — Suit cette petite phrase insidieuse: « *Et on répéta que Sainte Geneviève avait sauvé Paris !* »

Il s'agit DES CROISADES. Le Manuel apprend à l'enfant que les Croisades, finalement, n'ont pas réussi. Il ajoute: « *A la fin, les Occidentaux se lassèrent d'aller mourir en Orient pour conserver un tombeau vide!* » (BROSSOLETTE, p. 21.)

Le Manuel cite à l'élève les noms des principaux Evêques de l'époque gallo-romaine. SAINT MARTIN est nommé: « *Saint Martin mourut très vieux. Pendant qu'il était vivant, les gens d'alors avaient cru naïvement qu'il pouvait faire des miracles. Après sa mort, on crut que son tombeau pouvait en faire également.* » (BROSSOLETTE. Cours élémentaire, p. 69.)

A lire M. Calvet, L'ÉTABLISSEMENT DU CHRISTIANISME DANS LES GAULES se réduisit à un petit truc très habile: « *Ils placèrent des madones sous les chênes, élevant des croix près des sources, les plaçant sous la protection des Saints, en qui les Gaulois pouvaient voir leurs Dieux. Ils substituèrent leurs fêtes à celles d'autrefois, les célébrant le même jour, de sorte qu'on pouvait croire que c'étaient les mêmes. C'est ainsi que, peu à peu, la Gaule devint chrétienne.* (CALVET, p. 21.) — C'était simple et pas cher.

Sans doute il n'y a rien, dans toutes ces insinuations, qui attaque *directement* la Foi et les dogmes chrétiens. **Mais l'enfant comprendra très bien la leçon discrète que lui donne son Manuel.** Désormais, sans même trop en avoir conscience, il considérera tout fait, tout récit, toute histoire, comme purement légendaires, dès l'instant qu'on y parlera de surnaturel. Essayez de prononcer, devant cet écolier, les mots de miracle, de prophétie, de révélation ou de résurrection, peut-être le surprendrez-vous à esquisser un sourire? CE PETIT ENFANT EST DEVENU UN SCEPTIQUE.

Un sentiment confus de scepticisme, voilà « la première impression forte » produite sur l'esprit de l'élève par le mauvais Manuel. Mais là ne s'arrêteront pas les ravages du livre. L'enfant passera bien vite — je vais essayer de vous le démontrer — **du scepticisme à la haine.**

II

Le Manuel fait, en effet, à l'élève une telle peinture DES CRIMES DE L'EGLISE, que « la haine » de cette institution malfaisante lui montera tout naturellement au cœur.

L'enfant se dira: « *Cette Eglise catholique, qu'on me représente, au Catéchisme, comme digne de tous les respects, est, au contraire, une institution odieuse. Son nom est synonyme de cruauté et d'intolérance.* « SES CRIMES » *remplissent l'histoire. Elle mérite la haine.* » **Voilà la « seconde impression forte »,** la « seconde idée claire », que l'écolier retirera de la lecture de son Manuel d'Histoire. — Si vous le permettez, M. M., dans cette seconde partie de ma causerie, nous allons assister ensemble à l'éclosion de ce sentiment de haine.

*
**

Quand les auteurs de Manuels abordent cette question DES CRIMES DE L'EGLISE, **jamais le texte de la leçon ne leur paraît assez long.** Ils entrent alors dans des détails, qui ne cadrent pas du tout avec le caractère élémentaire du livre. On dirait même qu'ils ont collectionné, pour les insérer dans leurs leçons, toutes les anecdoctes odieuses ou grotesques, qu'on peut ramasser de ci, de là, dans les écrivains hostiles à l'Eglise. Le plus souvent, une ou deux lectures bien choisies, un résumé tendancieux, un questionnaire habile, et surtout quelques illustrations « bien vivantes » accentuent encore la tendance hostile.

On assiste alors à un curieux spectacle. Le Manuel, qui part en guerre contre le dogme, commence par proposer à l'enfant UN DOGME NOUVEAU, intangible, celui-là, LE DOGME DE L'INTOLÉRANCE SÉCULAIRE DE L'EGLISE. « *Autrefois*, déclare le Manuel de M. Aulard, *l'Eglise exerçait une véritable tyrannie. Ceux qui ne croyaient pas s'exposaient à être odieusement persécutés.* » (AULARD, p. 133.) — « *Pendant de longs siècles, les hommes n'ont pu ni parler, ni écrire librement; quiconque avait l'audace de critiquer... l'Eglise, était poursuivi, souvent emprisonné, quelquefois puni de mort.* » (ROGIE et DESPIQUES: *Petites Lectures*, p. 100.) — « *Le Moyen Age vit ainsi les atroces massacres des hérétiques vaudois, albigeois, protestants... Il connut la Saint-Barthélemy, l'Inquisition, la Révocation de l'Edit de Nantes, les Dragonnades.* » (PRIMAIRE: *Manuel d'Education*, p. 248.) (1) Ajoutez: « *Etienne Dolet, Galilée, Jeanne d'Arc, Calas, Sirven, Giordano Bruno, le chevalier de La Barre, les pauvres juifs à qui on faisait alors rendre gorge,* » — et, dans les temps plus modernes, « *l'officier de religion juive Dreyfus* » (AULARD, p. 265), et vous aurez la liste à peu près complète des victimes de l'intolérance cléricale. (2)

Entrons, s'il vous plaît, à la suite de l'enfant, dans ce Musée des Crimes de l'Eglise. Les galeries sont ouvertes. Chaque victime de l'Intolérance cléricale y occupe une place bien en vue.

---

(1) *Autrefois,* le Moyen Age finissait à la prise de Constantinople en 1453. Il s'étend maintenant, d'après M. Primaire, jusqu'à la fin du règne de Louis XIV, sans doute à cause de « la Révocation de l'Edit de Nantes » et des « Dragonnades ».

(2) *A consulter,* sur chacune de ces « Victimes » de l'Eglise, l'intéressante collection: PLANS ET DOCUMENTS, éditée par l'ACTION POPULAIORE de Reims. Chacun des numéros de cette Collection résume ce qui a été écrit de meilleur sur la question et dispense de recourir à beaucoup d'ouvrages qu'il est parfois plus ou moins difficile de se procurer.

**

Je ne m'attarde pas AUX TOUTES PREMIÈRES VICTIMES, telles: « *Ces anciennes religions, que l'Eglise s'attacha à détruire, non seulement par la persuasion, mais par la force, quand les Empereurs (romains) eurent adopté la nouvelle religion (au IVe siècle après J.-C.).* — CETTE SECTE DES ARIENS, *qui était alors répandue dans notre pays, et que le clergé catholique persécuta parce qu'ils s'écartaient de ses croyances.* » (AULARD, p. 12.) — « CES SORCIERS de l'époque gallo-romaine, auquels l'Eglise *fit une guerre acharnée.* » (CALVET, p. 21.)

J'arrive directement au premier grand crime historique de l'Eglise et de la Papauté: LA GUERRE CONTRE LES ALBIGEOIS. — L'exposition est magnifique. Cette croisade, l'histoire impartiale le reconnaît, fut autant une guerre politique qu'une guerre religieuse. Admirez l'art qu'on va déployer pour rejeter, sur l'Eglise et son chef, tout l'odieux de cette expédition féodale.

« *Cette guerre,* dit M. Aulard, *eut lieu par la volonté du pape Innocent III,* (page 29) *avec des armées que conduisaient les légats du Pape... au nom d'une religion de paix et d'amour.* » (AULARD, p. 35.) — « *Le Pape,* proclame M. Devinat, *recourut à l'épée.* » (DEVINAT, p. 14.)

Pour quel motif le Pape recourut-il à l'épée? M. Brossolette se charge de l'apprendre à l'enfant. Plusieurs gravures « bien parlantes » illustrent son texte. « *Les Méridionaux aimaient peu le clergé catholique. A Carcassone, ils avaient empêché Saint Bernard de prêcher, en criant et en frappant à la porte de l'église. Un jour, on les vit attacher un bouchon de paille dans le dos de Saint Dominique. Le Pape décida une croisade contre ces hérétiques.* » (BROSSOLETTE, p. 22.) (Proj. 18.) — Est-ce assez bien inventé?

L'enfant se dira: Dieu! quelle intolérance! Une croisade pour si peu de chose. Et quelle croisade! — « *Les habitants (de Béziers) furent massacrés. Tuez-les tous! aurait dit un des croisés. Dieu reconnaîtra les siens. Il y eut soixante mille victimes. La ville fut pillée et brûlée.* » (BROSSOLETTE, p. 22.) (Proj. 19.) Nouvelle gravure. — « *Quelques-uns, cependant, purent s'échapper. Car, en 1328, quelques Albigeois vivaient encore. Ils restaient cachés dans la grotte de Lombrives. On les mura vivants dans leur caverne.* » Et L'HISTORIEN ajoute: « *Leurs os ont été retrouvés de nos jours.* » (BROSSOLETTE, p. 22.) (Proj. 20.) — Leurs os, n'est-ce pas, ou ceux du voisin! Mais il est nécessaire de frapper de stupeur l'imagination des enfants, et, par une tactique habile, de mêler intimement, dans leur esprit, l'idée de supplice, d'intolérance, de torture, à l'idée catholique.

M. Brossolette attribue à un croisé quelconque, la parole sinistre: « *Tuez-les tous. Dieu reconnaîtra les siens.* » MM. Aulard, Rogie et Despiques, Devinat, pour mettre le mot plus en vedette, le placent dans la bouche du Légat du Pape lui-même: « *A Béziers, on demandait au légat comment on pourrait, des hérétiques, distinguer ceux qui ne l'étaient pas: « Tuez-les tous, dit-il, Dieu « reconnaîtra les siens.* » (AULARD, p. 35.) — « *A Béziers, le massacre fut général. « Tuez-les tous, disait le légat du Pape, Dieu « reconnaîtra les siens! » Quelles horribles paroles!* » (ROGIE et DESPIQUES, p. 34.) — « *Dans la foule, il y avait des hérétiques, mais aussi de bons chrétiens. Comment distinguer les hérétiques? On le demande à un légat du Pape.*

Le légat répondit: « Tuez-les tous! Dieu saura reconnaître « les siens! » (DEVINAT, p. 14.) — Ce mot à effet, que tous citent à l'envie, n'a qu'un défaut: — j'en parlerai dans un instant — jamais personne ne l'a prononcé. Mais l'enfant, qui croit son livre sur parole, s'y laissera prendre. « Voilà donc, se dira-t-il, comment, au temps de sa puissance, l'Eglise traitait les gens, dont le seul tort était de ne pas comprendre « *la religion chrétienne de la même manière que les catholiques.* » (AULARD, p. 29.) — Quelle intolérance! « *Intolérance d'autant plus grande,* appuie le Manuel, *que la doctrine religieuse des Albigeois était pure et simple.* » (ROGIE et DESPIQUES, p. 34.)

Si l'enfant pouvait consulter le savant ouvrage qu'un collègue de M. Aulard à la Sorbonne, M. Luchaire, peu suspect lui-même de tendresse envers l'Eglise, vient de publier sur la Croisade des Albigeois, il y ferait quelques découvertes intéressantes.

La doctrine albigeoise n'était ni aussi simple ni aussi pure que le proclament les Manuels. « *L'Albigéisme,* dit M. Luchaire, *condamne le mariage, recommande le suicide, proscrit l'impôt, le service militaire et le serment. Au point de vue pratique, un pareil système affaiblissait le lien social. — Dans la guerre des Albigeois, la Papauté fut la dernière à poursuivre l'hérésie; les masses populaires, les royautés, les clergés locaux l'avaient devancée dans cette voie.* » — « *Pendant plus de dix ans,* écrit encore M. Luchaire, *Innocent III multiplia les missions. Il ne faudrait pas que l'Histoire oubliât cette partie de son œuvre, qui fut, à ses yeux, capitale.* » (1)

____

(1) LUCHAIRE: *Innocent III et la Croisade des Albigeois,* pp. 12 et 14. Paris. Hachette. 1905.

D'après le même auteur, Innocent III n'organisa la Croisade qu'après l'assassinat de son Légat, Pierre de Castelnau; le massacre de Béziers ne fut pas prémédité. Le mot horrible, prêté au Légat Arnaut-Almaric, n'est pas authentique. Aucun des chroniqueurs français ne le cite. Ils sont cinq chroniqueurs, qui ont vu de près les événements, ou même qui y ont été mêlés. Ils sont cinq à n'en pas parler. C'est un auteur allemand, le moine *Césaire d'Heisterback*, qui, le premier, attribue au Légat du Pape la fameuse phrase. Ce moine vivait à plus de deux cents lieues du théâtre des événements. Il n'a, par conséquent, rien vu ni rien su par lui-même. Il écrit d'après les on-dit ou d'après sa propre imagination. Le bon moine est crédule à l'excès. Dans le livre, où il décrit la prise de Béziers, il raconte très sérieusement, quelques pages après, que le soleil s'est partagé, un jour, en trois morceaux. Sa fable, sur le siège de Béziers, n'a donc aucune autorité.

Voilà ce que le savant professeur, membre de l'Académie des Inscriptions et Belles Lettres, enseignait, en 1903, dans ses cours de Sorbonne, sur la Croisade des Albigeois. Mais l'enfant, malheureusement, n'en saura jamais rien. Il ne connaît que son Manuel, dont chaque phrase perfide sur le malheureux sort des Albigeois, distille dans son jeune cœur un peu de haine contre l'Eglise.

*
* *

Dans ce musée des Crimes de l'Eglise, la Croisade contre les Albigeois voisine avec l'Inquisition. L'INQUISITION, A LA PROCÉDURE MYSTÉRIEUSE, AUX SUPPLICES CRUELS, AUX INNOMBRABLES VICTIMES, EST VRAIMENT LA PIÈCE DE CHOIX DE TOUT LE MUSÉE. L'enfant a besoin d'être sérieusement documenté sur la question, pour pouvoir, plus tard, clamer contre la tyrannie cléricale, lorsqu'il assistera à une réunion publique.

Le Manuel de M. Aulard excelle DANS L'ART DE PRÉSENTER LE MONSTRE : « *Un tribunal abominable, nommé l'Inquisition, fut organisé par les Papes, pour juger quiconque était dénoncé comme hérétique. Les accusés, tenus au secret, privés de défenseurs, non confrontés avec les témoins, mis à la torture, étaient condamnés à la réclusion perpétuelle, au supplice du feu.* » (AULARD, p. 33.) — « *L'Inquisition*, déclarent MM. Rogie et Despiques, *fut un tribunal ecclésiastique qui a laissé le plus triste souvenir. Le nombre de ses victimes, en Espagne surtout et dans le Midi de la France, est effrayant.* » (ROGIE et DESPIQUES, p. 36. » — « *C'était*, ajoute M. Brossolette, *un tribunal fort redouté, avec ses dénonciations secrètes, ses procès mystérieux, ses tortures et ses supplices.* » (BROSSOLETTE, p. 23.)

Le « Manuel de Lectures », de M. Primaire, cite la page de

Michelet sur « l'Inquisition en Espagne ». La gravure qui accompagne le texte est bien faite pour frapper l'imagination de l'enfant. Il est vraiment lugubre, cet inquisiteur, à la mine décharnée, qui, le dos adossé à une tenture noire, la figure éclairée par deux cierges, procède, avec deux moines, ses assesseurs, à l'interrogatoire d'un malheureux patient. (PRIMAIRE: *Manuel de Lectures*, p. 15.) (Proj. 21.)

AUCUNS DÉTAILS NE SEMBLENT SUPERFLUS. Détails sur le nombre des victimes, détails sur la procédure, détails sur les supplices, le Manuel les multiplie à l'envie : « *En Espagne, périrent, en dix années, presque un million de Juifs, autant de Maures. — Sur ce seul échafaud d'une seule ville, en une seule année, 1481, à Séville... on brûla deux mille créatures humaines, hommes ou femmes, riches ou pauvres, tout un peuple voué aux flammes. Quatorze tribunaux semblables fonctionnaient dans le royaume. De 1480 à 1498, sous l'inquisiteur général Torquemada, l'Espagne entière fuma comme un bûcher.* » (PRIMAIRE: *Manuel de Lectures*, p. 14.) — « *En 1244*, déclare M. Aulard, *on brûla 205 hérétiques à la fois, dans la petite ville de Monségur. En 1328, plusieurs centaines d'autres furent emmurés dans une grotte, près de Foix, où on les fit mourir de faim.* » (AULARD, p. 337.) — Une gravure fantaisiste représente l'affreuse scène. Naturellement, les autorités ecclésiastiques, en nombre, précédées de la croix, assistent au supplice. Sous la gravure, l'enfant lira ces quelques mots d'explication: « *Les emmurés ne devaient plus avoir aucune communication avec l'extérieur. Seule, une ouverture pratiquée dans le mur, à hauteur du visage, permettait de leur faire passer de maigres aliments.* » (AULARD, p. 33.) (Proj. 22.) — Vous pouvez, maintenant, préjuger, sans grande crainte de vous tromper, la réponse que l'enfant fera au Questionnaire, qui termine la Leçon: « *Appréciez le rôle de l'Eglise au Moyen Age.* » (ROGIE et DESPIQUES, p. 33.)

Sa réponse serait sans doute différente si, au lieu de l'histoire telle que l'écrit son Manuel, l'enfant pouvait connaître la vraie histoire, celle où l'on prend contact avec les documents, où l'on va aux sources dernières: « *Il est certain*, écrit *Léopold Ranke*, dans son ouvrage: « l'Espagne sous Charles-Quint, Philippe II et Philippe III », *que l'Inquisition d'Espagne ne fut jamais une Inquisition d'Eglise, mais une Inquisition d'Etat, sur laquelle l'Eglise n'avait aucun contrôle.* ». L'auteur que je cite est protestant. C'est un professeur à l'Université de Berlin, l'un des historiens les plus renommés de l'Allemagne contemporaine. — Il ajoute: « *Les Inquisiteurs sont nommés par le Roi, qui les révoque à son gré. L'Inquisition d'Espagne se mêle de tout, du commerce, des impôts, de la marine, des arts, et, sous*

Philippe II, elle alla jusqu'à déclarer que c'était une hérésie de vendre des chevaux et des munitions à la France. » (1)

Pourquoi, alors, s'obstiner à confondre, contre toute vérité, comme le font tous les Manuels, l'institution même du tribunal ecclésiastique, avec l'usage qui en a été fait en Espagne. La confusion est d'autant moins excusable, que les Papes n'ont jamais cessé de protester contre les excès de l'Inquisition espagnole, soit en blâmant ouvertement ses rigueurs exagérées, soit en instituant des juges d'appel, pour examiner et casser, au besoin, les sentences. (2) Michelet, lui-même, reconnaît que les Papes rappelèrent souvent, aux inquisiteurs d'Espagne, la parabole du Bon Pasteur.

Et maintenant, comment faut-il juger l'institution elle-même ? Ecoutez, je vous prie, la parole d'un historien italien contemporain, dont l'antipathie n'est pas déguisée à l'endroit d'une institution, qui contrarie son libéralisme: « *Le tribunal de l'Inquisition,* dit César Cantu, *peut être considéré comme* UN VÉRITABLE PROGRÈS, *car il remplaçait les tueries en masse et les tribunaux sans droit de grâce inexorablement attachés à la lettre de la loi. Il acceptait le repentir et se contentait de châtiments moraux, ce qui lui permit de sauver beaucoup de personnes, que les tribunaux ordinaires auraient condamnées. Aussi les Templiers, à l'époque de leur célèbre procès, demandèrent-ils hautement à être soumis à l'Inquisition. »* (3)

Du reste, l'Eglise ne l'imposait à personne. C'étaient les Rois et les peuples qui la réclamaient. Que les Rois et les peuples en aient abusé, je l'accorde; que l'on doive rendre l'Eglise responsable de ces abus, je le nie. Et l'histoire savante et impartiale me donne raison.

*
* *

Vous connaissez le monstre. Il vous reste, maintenant, à assister AU DÉFILÉ DE SES PRINCIPALES VICTIMES. Certains Ma-

---

(1) RANKE: *L'Espagne sous Charles-Quint, Philippe II, Philippe III.* Chap. III.

(2) Dans le bref du 29 janvier 1482, Sixte IV blâme sévèrement les Inquisiteurs de leur dureté. — Alexandre VI, en 1494, écrivait au grand Inquisiteur qu'il le destituerait s'il ne portait pas un peu plus de douceur évangélique et un respect plus sévère pour ses instructions dans l'exercice de son saint ministère. Léon X excommunia en 1519, au grand déplaisir de Charles-Quint, les inquisiteurs de Tolède. Déjà en 1509, le même Léon X avait voulu réformer complètement l'Inquisition espagnole. Il fallut toutes les ruses et intrigues de Charles-Quint pour faire avorter le projet du Pape et empêcher l'exécution des trois brefs qu'il avait publiés.

(3) CANTU: *Histoire Universelle,* t. XI, ch. VI.

nuels donnent vraiment l'impression de ces dioramas, que des entrepreneurs de spectacles forains font circuler de village en village, et où ils montrent au bon peuple épouvanté LES VICTIMES DE L'INQUISITION.

« *La plus illustre victime qu'elle (l'Inquisition) ait faite dans notre pays, écrit M. Aulard, est* JEANNE D'ARC. » (AULARD, p. 33.) « *Les Anglais la firent juger par un tribunal ecclésiastique français. Ce tribunal n'était autre que l'Inquisition. Comme Jeanne croyait fermement avoir vu et entendu des saints et des saintes, qui lui ordonnaient de s'armer pour combattre les Anglais, et qu'elle refusait de se soumettre au jugement du Pape sur la réalité de ses visions, ils la regardèrent comme coupable d'hérésie et de sorcellerie, prétendus crimes que l'Eglise punissait de mort.* » (AULARD, p. 40.)

C'est le contraire qui est vrai. Plusieurs fois, au cours du procès, Jeanne dit à ses juges: « *Je m'en rapporte à Dieu et à N. S. Père le Pape, qui est à Rome; menez-moi devant lui.* » — Si bien que les juges, mécontents, en furent réduits à lui répondre, de guerre lasse: « *On ne peut pas aller chercher le Pape à Rome. Il est trop loin* (1). — Mais peu importe la vérité. L'effet que l'on voulait produire, est obtenu. « *C'est bien la peine, se dira l'enfant, de mettre aujourd'hui Jeanne d'Arc sur les autels, quand on l'a fait brûler vive au* XVe *siècle.* »

D'ailleurs, UN PETIT DÉTAIL D'ILLUSTRATION en dit long, à lui seul, sur le but qu'on poursuit. Tous les Manuels ont une gravure qui représente le supplice et la mort de Jeanne d'Arc. Dans toutes ces gravures, l'Evêque Cauchon apparaît, assis sur une estrade, en première place, et assiste au supplice, crosse en main, mître en tête. — (AULARD, p. 40; GAUTHIER et DESCHAMPS, p. 26; BROSSOLETTE, p. 39; GUIOT et MANE, p. 66; CALVET, p. 61. Proj. 23, 24, 25, 26, 27.)

L'image ne respecte pas la vérité historique. Conformément à la discipline ecclésiastique, l'Evêque de Beauvais avait quitté le Vieux-Marché, avant que la Pucelle gravît les marches du bûcher. Les témoins du procès de réhabilitation confirment l'absence du juge inique à cet instant suprême. Il est présent sur la gravure, car on estime que la vue du juge infâme, assistant, en crosse et en mître, au supplice de sa victime, impressionnera toujours favorablement l'enfant en faveur de l'Eglise!

*
* *

LES « VICTIMES » deviennent surtout nombreuses A L'ÉPOQUE DE L'INTRODUCTION DE LA RÉFORME. L'Eglise catholique essaie

---

(1) Cf. BRICOUT: *Jeanne d'Arc d'après M. Anatole France. Paris. 1909.* Pages 20-22.

alors de noyer dans le sang la nouvelle religion protestante. — *« Les Calvinistes furent persécutés, en France, cruellement par le clergé catholique et par le Roi (François Ier), qui voulait complaire au clergé. Ces malheureux étaient ordinairement brûlés vifs. Quelquefois, on leur coupait les poings ou la langue. On leur tenaillait la poitrine ou on leur mettait, sur la tête, une couronne de fer rougie au feu. »* (AULARD, p. 60.)

ÉTIENNE DOLET est, de tous ces martyrs de l'intolérance catholique, celui qu'on célèbre le plus volontiers. MM. Calvet, Aulard et Brossolette, lui consacrent chacun une gravure. Toutes ces gravures le représentent expirant dans les flammes. Un évêque, mître en tête, avec la croix dressée devant lui, fait face au bûcher du condamné. Les pénitents, en cagoule, qui entourent le bûcher, l'Evêque et les deux prêtres, ses assistants, semblent très intéressés du spectacle. La figure anguleuse de l'Evêque n'est pas tendre, je vous la recommande.

« La vie, écrit M. Brossolette, n'était pas toujours facile du temps de la Renaissance, pour les penseurs et les écrivains. En 1546, l'Eglise fit condamner à mort, comme hérétique, le savant imprimeur Etienne Dolet. Il fut pendu d'abord, et, ensuite, brûlé place Maubert. » (BROSSOLETTE, p. 55. Proj. 28.) (CALVET, p. 85. Proj. 29.) — La phrase de M. Aulard est du même style: *« Victime de l'intolérance religieuse, le savant imprimeur Etienne Dolet, calviniste, fut brûlé vif pour avoir traduit un livre qui n'était pas conforme à la doctrine de l'Eglise. »* (AULARD, p. 59. Proj. 30.)

Dolet fit autre chose. Disons quelques mots sur ce « martyr ». — Il assassina un homme à Lyon, le peintre Compaing, et il fut condamné à mort; de puissantes influences le sauvèrent. Il fut gracié par François Ier, auprès de qui sa cause fut plaidée par l'Evêque de Tulle, Duchatel, grand ami du Roi. — Dolet recouvra sa liberté; ce fut pour recommencer ses attaques. Et, derechef, on le dénonça. Qui? — les « Prêtres »? — Non, ce furent ses bons camarades, les imprimeurs lyonnais, qui le désignèrent à la vindicte des « justes lois », et, avec eux, Rabelais et Marot, qui accusaient Dolet de choses plus graves encore. Dolet ayant été condamné, par le Parlement de Toulouse, pour émeute, et une autre fois, à Lyon, pour assassinat, il ne fut pas possible au Parlement de Paris d'éviter une condamnation, d'autant plus que la veuve de l'homme assassiné criait vengeance. — Dolet fut exécuté le 3 août 1546, *« par sentence du Parlement. »* Ce n'est donc pas, *« par les prêtres »* qu'il fut condamné et brûlé.

M. Aulard consacre une lecture entière AUX MALHEUREUX VAUDOIS : *« Il y avait depuis plusieurs siècles, en Dauphiné, des chrétiens qui n'obéissaient pas au Pape. On les appelait Vaudois.*

C'étaient des populations paisibles. Le Saint-Siège avait déjà organisé contre eux une croisade, mais Louis XII avait dû prendre leur défense. Comme ils déclarèrent approuver la réforme de Luther et de Calvin, l'Inquisition résolut leur perte. » (AULARD, p. 61.) — On ne fait grâce, à l'enfant, d'aucun détail, tandis qu'on se montrera si discret sur les massacres de Septembre, en 1792. — *« 3.000 de ces malheureux furent égorgés, 650 furent envoyés aux galères, 3 villes, 22 villages, furent saccagés, 703 maisons, 89 étables et 30 granges incendiées. Enfin, l'on défendit, sous peine de mort, de donner asile ou secours à aucun Vaudois. »* (AULARD, p. 62.) — Et, de peur que l'élève ne passe un peu à la légère sur un événement de cette importance, *une gravure* accompagne le texte. Elle représente *la destruction d'un village vaudois.* (Proj. 31.) Les maisons flambent, un groupe de soldats décapitent une femme; d'autres éventrent des tonneaux. Enfin, ce qui donne à l'image *toute sa valeur*, un homme d'armes se tient, debout, devant le portail de l'église et préside à l'incendie et au pillage, en brandissant une croix de procession.

M. Aulard n'a oublié qu'un détail : c'est que les Vaudois cessèrent d'être une population paisible, du jour où ils se déclarèrent pour Calvin. De concert avec les Calvinistes suisses, ils se mirent à saccager les églises. Ce qui amena LE PARLEMENT D'AIX, et non l'Inquisition, à intervenir et à les condamner.

*
* *

Après ces premières scènes sanglantes, eut lieu « LE GRAND CRIME: LA SAINT BARTHÉLEMY. » (DEVINAT, p. 56.)

Le livre ne néglige aucun détail pour corser le rôle de l'Eglise: *« Le bourreau de Lyon lui-même répondit qu'il ne tuait que des coupables et n'exécutait que des jugements légitimes. Par contre, le Pape félicita hautement Charles IX du crime de la Saint Barthélemy, où trois mille protestants trouvèrent la mort. »* (AULARD, p. 81.) — *« Le Pape et Philippe II d'Espagne applaudirent à cet acte de sauvagerie. »* (BROSSOLETTE, p. 60.) — Une des six gravures que M. Devinat consacre au « Grand Crime », représente un moine, qui n'a pas attendu l'approbation papale, pour courir sus aux huguenots, une dague à la main. (DEVINAT, p. 56. Proj. 32.)

Le Pape était dans son rôle, pensera l'enfant, *« n'avait-il pas essayé en vain, aidé des Jésuites, d'étouffer les nouvelles croyances. »* (BROSSOLETTE, p. 58.) — On l'aidait dans sa besogne. — En tout cas, ce fut *« le clergé catholique qui, par ses prédications passionnées, rendit la guerre civile inévitable. »* (ROGIE et DESPIQUES, p. 86.) — Déjà, *« à Wassy, les catholiques avaient massacré, sans prétexte, les protestants en prière. »* (AULARD, p. 78; CALVET, p. 87. Proj. 33). — On fit le coup après un dîner chez les moines. « *Le 1er mars 1562, François de Guise, suivi de ses hommes d'armes, entra dans Wassy, descendit chez les moines et y dîna. Les protestants étaient alors rassemblés, pour le prêche, dans une grange. Guise et ses compagnons entourèrent la grange et les attaquèrent en criant: « Tue, tue, à mort! »* (DEVINAT, p. 54. Proj. 34.)

L'intention de jeter le discrédit sur les seuls catholiques, en innocentant complètement les protestants, est manifeste. Dans ces malheureuses guerres fratricides, les protestants ne se conduisirent pas toujours en petits saints. L'histoire impartiale le reconnaît. Mais les auteurs de Manuels semblent l'ignorer. Ils consacrent exclusivement, et le texte, et les gravures de leurs livres, aux seuls crimes des catholiques. Une gravure de grande dimension occupe toute une page du Manuel de M. Brossolette. Elle représente le lendemain de la Saint-Barthélemy: « *Catherine de Médicis et ses demoiselles d'honneur viennent contempler, dans la cour du Louvre, les cadavres des gentilshommes protestants, assassinés la nuit précédente.* » (BROSSOLETTE, p. 61. Proj. 35.) — Le Manuel de MM. Rogie et Despiques représente la même scène, d'après *le tableau d'Edouard Debat-Ponsan.* (ROGIE et DESPIQUES, p. 88. Proj. 36.) — Je vous laisse à penser si, pour cette visite macabre, la Reine et les demoiselles d'honneur ont des figures de circonstance.

Qu'on stigmatise, comme il convient, toutes ces horreurs ! Rien de mieux. Nous sommes les premiers, nous catholiques, à les réprouver. **Mais qu'on y arrête l'attention de l'enfant, qu'on essaye de lui faire croire que c'est l'Eglise catholique qui les a inspirées, commandées et approuvées, là est l'injustice.** Ce fameux Conseil, où fut décidé le massacre des chefs huguenots, était composé de sept personnes. On connaît les noms. Pas un personnage ecclésiastique ne s'y trouvait. Aucun motif de religion ne fut allégué. (Voir *Journal de l'Estoile*, édit. Petitot, t. XLV, p. 76.) — Sans doute, le Pape Grégoire XIII écrivit à Charles IX pour le féliciter. Mais il le félicita, non d'avoir ordonné le massacre des protestants, mais d'avoir échappé à un complot. Le texte de cette lettre est connu. On lit d'ailleurs, dans la grande « Histoire » de MM. Lavisse et Rambaud, qui est le livre de chevet de tous les étudiants en histoire: « *Le Pape crut d'abord à une conspiration des huguenots, et, persuadé que le Roi n'avait fait que se défendre, célébra la Saint-Barthélemy par des actions de grâces.* (1) — Quand Grégoire XIII connut la vérité, il marqua nettement sa désapprobation et refusa même de recevoir Maurevel, qui avait tué Coligny: « *C'est un assassin,* » dit-il.

---

(1) LAVISSE et RAMBAUD: *Histoire générale*, t. v, p. 145.

Voilà ce que les auteurs de Manuels auraient pu faire remarquer en deux lignes. Mais cela n'entrait pas dans leur programme.
A tout prix, il faut que l'enfant ignore que la Saint-Barthélemy
fut, avant tout, un massacre politique. Il est presque *de foi
laïque* que la Saint-Barthélemy fut l'un des plus monstrueux
crimes de l'Eglise catholique.

*
* *

Après la fin des guerres de religion, SOUS HENRI IV, ET MÊME
SOUS LOUIS XIII, l'Eglise dut mettre, pendant un instant, un frein
à son intolérance. *Henri IV* s'entendait à calmer le fanatisme, lui
qui « *expulsa les Jésuites, cet ordre religieux puissant qui était
tout dévoué au Pape* » (AULARD, p. 83) et « *qui armait le bras des
assassins.* » (BROSSOLETTE, p. 66.) Sous Louis XIII, *Richelieu*,
tout Cardinal qu'il était, « *s'appliqua, lui aussi, à conjurer ce
grand danger qu'étaient, pour la liberté des peuples, l'Espagne et
l'Autriche, alliées du Pape et des Jésuites qui prétendaient, au
nom de l'Eglise, gouverner l'Europe.* » (BROSSOLETTE, p. 75.
Proj. 37.) Mais quand Louis XIV fut absorbé, « *en compagnie de
Madame de Maintenon, dans les pratiques d'une étroite dévotion* »
(ROGIE et DESPIQUES, p. 113), l'intolérance religieuse revit encore
de beaux jours. CE FUT LE TEMPS DES DRAGONNADES ET DE LA
RÉVOCATION DE L'EDIT DE NANTES.

C'est toujours le même empressement à faire retomber tout
ou presque tout l'odieux sur l'Eglise, en dissimulant soit la
culpabilité des victimes, soit le rôle prépondérant que jouèrent,
dans ces événements, les rancunes personnelles ou les passions
politiques. « *La Révocation de l'Edit de Nantes,* écrivent MM. Rogie et Despiques, *fut un acte injustifiable d'odieuse intolérance.
Il y eut des excès terribles: les Dragonnades.* » (ROGIE *et* DES-
PIQUES, p. 110.) — Dès cette époque, l'Eglise le pensa comme
vous. Loin d'approuver Louis XIV, le *pape Innocent XI* osa le
blâmer. Parlant des Dragonnades, il déclara en plein Consis-
toire, que « *Jésus-Christ n'avait pas employé cette méthode de
conversion,* » que la vraie méthode consiste « *à conduire les
hommes au Temple et non à les y traîner.* » — *Les Evêques de
France* firent plus que parler, ils s'opposèrent, autant qu'ils
purent, aux brutalités des soldats. — *Fénelon* le futur Archevêque de Cambrai, écrivait: « *Partout où les missionnaires sont
réunis aux troupes royales, les nouveaux convertis vont, en foule,
à la communion. On croit que tout est fini... C'est une misère,
pour moi, je n'y vois que la profanation de nos plus augustes
mystères.* »

Mais c'est presque « un article de foi ». L'élève *doit croire* que
l'Eglise inspirait et approuvait ces actes odieux de l'absolutisme

royal. « *Poussé par les Jésuites*, écrit M. Aulard, *Louis XIV révoqua l'Edit de Nantes.* » (AULARD, p. 109.) — M. Calvet présente l'affaire comme un échange de bons procédés entre le Pape et le Roi: « *Louis XIV persécutait quelques hérétiques, cela faisait plaisir à l'Eglise, qui glorifiait un maître si dévoué à la Foi catholique et qui, en retour, ne cherchait qu'à montrer sa soumission.* » (CALVET, Cours supérieur, p. 111.) — M. Calvet se moque du monde, car, deux pages plus bas, à la page 113, il raconte avec complaisance les multiples démêlés de Louis XIV avec le Saint-Siège. Il déclare même, que le Roi a bien mérité de la France par son opposition à la Papauté. Il est probable que l'enfant ne remarquera pas cette contradiction du Manuel. Quel sentiment éprouvera-t-il pour cette Eglise qui pratiquait alors cette abjecte politique du donnant-donnant: Persécutez les hérétiques, et je fermerai les yeux sur votre propre conduite?

Ai-je besoin d'ajouter que l'*illustration* est on ne peut plus soignée. C'est assez l'usage de ces Manuels, chaque fois qu'ils traitent de questions religieuses brûlantes. La gravure la plus *parlante* se trouve dans le Manuel de M. Aulard. Elle représente une scène des Dragonnades. « *Les Dragons, envoyés pour forcer les protestants à se convertir, commettent, à l'égard des femmes et des enfants, les pires atrocités.* » (AULARD, p. 111. Proj. 38.) Un dragon du Roi pend une femme par les cheveux et la fouille, un autre garotte le père, pendant qu'un troisième joue avec un nouveau-né comme avec un ballon. — M. Devinat nous montre de malheureux protestants « *attelés à la charrue et piqués comme des bœufs.* » (DEVINAT, p. 90. Proj. 39.) — Le même auteur nous fait assister au spectacle d'un petit garçon protestant arraché de force à sa mère: « *A sept ans, un enfant protestant pouvait être arraché à ses parents, puis élevé, à leurs frais, dans le mépris de leurs plus chères croyances.* » (DEVINAT, p. 89. Proj. 40.) Quand il déclare que c'était là une « *chose inique et cruelle* », nous partageons toute son indignation. Mais ce petit protestant, si cher au cœur de M. Devinat, ressemble, comme un frère, à tous ces petits Catholiques, enfants de fonctionnaires, auxquels la tolérance du Bloc interdit formellement l'éducation par des maîtres chrétiens. Il ressemble à tous ces enfants catholiques qui fréquentent l'école laïque et qui sont voués, contrairement même à la loi, à un enseignement athée, complètement hostile aux convictions de leurs parents. Ces Protestants allant, sous Louis XIV, peupler les quartiers de Londres et de Berlin, y portant « *leur travail, leur courage, les secrets de nos industries* » (DEVINAT, p. 90. Proj. 41), ont des analogies frappantes avec tous ces Religieux, chassés de France sans jugement et dépouillés de leurs biens, avec ces Chartreux, par exemple, qui enrichissaient toute une région et qui ont dû porter à l'étranger leur industrie et leur secret.

Que serait-ce, grand Dieu, si nous ne vivions pas, comme le déclare M. Brossolette, à la fin de sa LXIXe Leçon, sur le Triomphe de la République, « *sous un régime de liberté.* » (BROSSOLETTE, p. 245.)

*
* *

J'ai hâte d'arriver à l'époque contemporaine. Je passe rapidement SUR LES DERNIÈRES VICTIMES IMMOLÉES AU XVIIe ET AU XVIIIe siècle, Vanini, Galilée, le chevalier de La Barre, etc...

VANINI, « *qu'on brûla à Toulouse parce que des gens d'Eglise l'accusaient de ne pas croire en Dieu.* » — L'ILLUSTRE GALILÉE, *qui fut traduit devant le tribunal de l'Inquisition et condamné à se rétracter. Qu'avait-il donc dit? Que la terre tourne! On le laissa en prison.* » (BROSSOLETTE, p. 97.) — De fait, Galilée ne fut jamais emprisonné. Une gravure du « Manuel de Lectures » de M. Primaire représente la fameuse scène de la rétractation et rappelle le célèbre mot historique: « *Et pourtant elle se meut* », qui ne fut jamais prononcé. — « *Mais si ce mot n'est pas vrai historiquement, il l'est, si je puis dire, philosophiquement* », déclare l'auteur des « Martyrs de la Libre-Pensée », cité par M. Primaire. (*Manuel de Lectures*, pp. 28-29. Proj. 42.) On le voit, avec un peu de bonne volonté et du savoir-faire, on arrive toujours à se tirer d'affaire. — Une gravure du Manuel de M. Brossolette met en scène l'Evêque d'Amiens assistant, en crosse et en mître, AU SUPPLICE DU CHEVALIER DE LA BARRE. (BROSSOLETTE, p. 101. Proj. 43.— « *L'Evêque d'Amiens*, écrit M. Lavisse, *tenta généreusement de sauver le malheureux jeune homme.* » (1) Il ne présida donc pas à son supplice.

Mais nous voici arrivés à la fin du XVIIIe siècle. Tous les Manuels font observer, qu'on vit alors, sous l'influence des philosophes, « *dans les Etats catholiques eux-mêmes, les princes diminuer le nombre des couvents, montrer plus de tolérance dans les choses de religion. Le pape lui-même finit par consentir à supprimer l'Ordre des Jésuites* (BROSSOLETTE, p. 126.) *La Révolution, enfin, établit la liberté de conscience.* » — Désormais, l'Eglise ne pourra plus donner aussi libre carrière à son fanatisme traditionnel. Il faudra DES CIRCONSTANCES EXCEPTIONNELLES, telles que *la guerre d'Espagne contre Napoléon, la Terreur blanche* au retour des Bourbons, etc., pour que puissent revivre les scènes sanglantes d'autrefois.

---

(1) LAVISSE: *Histoire de France.* Tome VIII, p. 342.

M. Devinat nous montre « LES PRÊTRES ET LES MOINES ESPA-
GNOLS *frappant nos soldats à grands coups de crucifix. Voici ce
que contient l'un de leurs catéchismes: « Est-ce un péché de
mettre un Français à mort? — Non, mon Père, on gagne le Ciel
en tuant un de ces chiens d'hérétiques. » — Aussi, c'est avec
férocité que les Espagnols tuent les Français. »* (DEVINAT, p. 161.
Proj. 44-45.)

M. Brossolette a également une histoire SUR LES MOINES ESPA-
GNOLS. Elle est de nature à impressionner vivement l'enfant :
« *Nos grenadiers à cheval, devant l'église de Burgos: Ils allaient
partir pour aller au fourrage, lorsqu'au pied du petit escalier,
paraît un petit garçon de onze à douze ans, qui se présente à nos
grenadiers. Etant aperçu par l'un d'eux, il se retire... Mais le
grenadier le suit... Arrivé sur le palier, le petit garçon fait ouvrir
la porte et le grenadier part avec lui. La porte se referme et les
moines lui coupent la tête; le petit garçon redescend, se fait voir
encore, un autre grenadier le suit, il subit le même sort. Le petit
garçon revient une troisième fois, mais un grenadier qui avait
vu monter ses camarades, dit à ceux qui revenaient de la corvée
du fourrage: « Voilà deux des nôtres, montés au clocher, qui ne
reviennent pas, faut voir cela tout de suite. »*

*Les voilà partis pour suivre l'enfant... Pour ne pas être sur-
pris, ils font feu en arrivant en haut, enfoncent la porte et trouvent leurs deux camarades la tête tranchée. Nos vieux soldats
firent un carnage de ces moines scélérats. Ils étaient huit, avec
des armes et des munitions, des vivres et du vin. On jeta les
capucins et le petit garçon par les lucarnes, dans le jardin. »*
(BROSSOLETTE, p. 203.)

Je n'entamerai pas de discussion, pour savoir si l'histoire des
moines de Burgos est vraie ou fausse. Au fond, peu importe. J'ai
mieux à dire: **Est-ce conforme à la neutralité, surtout dans
un livre élémentaire,** où les événements, même les plus impor-
tants, sont relatés en quelques mots, de choisir justement, pour
le raconter en détail, l'épisode qui rendra le mieux prêtres et
moines odieux à l'enfant?

Ces faits se passaient en Espagne. « *Quand les Bourbons re-
vinrent en France,* écrit M. Devinat, *le clergé releva la tête et
l'on vit partout comme une explosion de fanatisme. Pour échapper* AUX PERSÉCUTIONS DE LA TERREUR BLANCHE, *il fallait se
montrer très bon catholique. A Nîmes, on vit des femmes frapper
jusqu'au sang des protestantes avec des battoirs. »* (DEVINAT, 169.
Proj. 46.) — M. Brossolette précise le jour où eut lieu cet événement important. « *Ce fut,* dit-il, *le 15 août, jour de la fête de
la Vierge. »* (BROSSOLETTE, p. 211.)

« *Sous Charles X, le parti clérical osa présenter* UNE LOI

ODIEUSE SUR LE SACRILÈGE. *Pour un vol dans une église, la mort. Pour une profanation d'hostie, le supplice des parricides.* » Une gravure du Manuel de M. Devinat montre à l'enfant « *l'illustre orateur... Royer-Collard, flétrissant avec éloquence, à la tribune, ce retour aux pratiques barbares des siècles passés.* » (DEVINAT, p. 169. Proj. 47.) — MM. Rogie et Despiques observent que « *la Chambre des Pairs refusa de voter la loi du sacrilège.* » (ROGIE et DESPIQUES, p. 211.) — Que ne disent-ils, que la loi fut rejetée par les Pairs, à l'instigation des Cardinaux, qui étaient membres de droit de la haute assemblée, et qui refusèrent obstinément de patronner le projet de loi des Ultras ?

C'était l'époque, ajoute le Manuel, où « *les prêtres manifestaient leur intolérance* EN RENDANT OBLIGATOIRE LE REPOS DU DIMANCHE. » (ROGIE et DESPIQUES, p. 202.) Après avoir essayé, pendant près de cent ans, de battre en brèche, par tous les moyens possibles, la loi chrétienne du repos dominical, on a été obligé, finalement, de la rétablir sous un faux nom, et la Troisième République a fait voter la loi « sur le repos hebdomadaire ».

Sous Louis-Philippe, l'Eglise se tint tranquille, ce qui n'empêcha pas « *Michelet, grand professeur et grand historien, de s'attaquer aux Jésuites, dans son célèbre cours de 1846, au Collège de France.* » Une gravure du Manuel de M. Brossolette le représente, debout sur sa chaire de professeur. « *Il enthousiasme les jeunes gens qui l'écoutent, et contribue à réveiller l'esprit de liberté.* » (BROSSOLETTE, p. 254. Proj. 48.)

Sous le gouvernement de l'Ordre moral, le fanatisme de l'Eglise releva la tête: « *L'Assemblée nationale* VOUA LA FRANCE AU SACRÉ-COEUR, *en violation de la liberté de conscience.* » (ROGIE et DESPIQUES, p. 253.) « *En souvenir de cet acte de piété, elle décida qu'une vaste basilique s'élèverait, dominant Paris, sur les hauteurs de Montmartre. Les partisans du Pape multipliaient, en France,* LES PÈLERINAGES. » (BROSSOLETTE, p. 246. Proj. 49.) — Les membres de l'Assemblée Nationale étaient presque tous des fanatiques. « *A l'heure de nos revers, Garibaldi était venu combattre pour nous. La paix conclue, quatre départements l'élurent député. Il ne parut à la tribune de l'Assemblée Nationale que pour donner sa démission. Comme il était ennemi du Pape,* LES DÉPUTÉS CLÉRICAUX *étouffèrent sa voix sous leurs cris.* » (BROSSOLETTE, p. 246. Proj. 50.)

Voilà Garibaldi promu au rang de martyr de l'intolérance cléricale, mais la dernière victime de l'Eglise, c'est « LE CAPITAINE DREYFUS, *officier de religion juive, que les passions cléricales et réactionnaires avaient fait condamner à tort comme traître, et que la plus haute juridiction du pays, la Cour de Cassation, a solennellement réhabilité (1906).* » (AULARD, p. 265.)

Il me semble que l'élève aura, désormais, SA CONVICTION FAITE. IL DÉTESTERA, de toute son âme, cette Eglise catholique, qui, des origines à nos jours, n'a pas cessé, chaque fois que ce fut en son pouvoir, de recourir à la violence et de persécuter ceux qui ne pensaient pas comme elle. **Désormais, au lieu d'aimer l'Eglise comme la Mère de son âme, l'enfant chrétien la hait comme la plus grande criminelle de l'histoire.**

III

Le mépris cimente la haine. Il la rend indestructible. Voyons nos auteurs de Manuels à l'œuvre: « *Sans doute,* insinuent-ils à l'enfant, *l'Eglise, au cours des siècles, a bien rendu aux peuples quelques services; mais, sache-le bien, elle a excellé dans l'art de faire payer très cher ses bienfaits. C'est une mercenaire, habile à cacher son jeu. Elle a tout juste droit au mépris.* » — C'EST LA TROISIÈME IDÉE CLAIRE.

Si vous réussissez à faire croire à l'enfant que la Religion est, avant tout, UNE AFFAIRE D'ARGENT, il la méprisera d'instinct. Voilà pourquoi le mauvais Manuel d'histoire ne cesse de montrer à l'élève *la question d'argent,* comme intervenant à elle seule, pour motiver toute la conduite de l'Eglise. **Les meilleures œuvres de l'Eglise, celles que l'on pourrait croire les plus désintéressées, se résolvent toutes, pour qui sait y regarder de près, en viles affaires d'intérêt.**

Du Ier au XXe siècle, la conduite de l'Eglise n'a pas varié. « *Lorsque l'Empire romain... se disloqua sous l'effort des invasions barbares, l'Eglise apparut... comme le seul pouvoir constitué capable de tenir en respect les envahisseurs.* » (ROGIE et DESPIQUES, p. 11.) MAIS A QUOI PENSAIENT LES EVÊQUES DANS CES TEMPS TROUBLÉS? « *Comme les anciens Druides, les Evêques songeaient surtout à accroître leurs privilèges.* » (CALVET, p. 6.)

POURQUOI LES EVÊQUES SOUTIENNENT-ILS LE NOUVEAU ROI CHRÉTIEN CLOVIS? « *Il eut, dès ce moment, l'appui de l'Eglise, alors toute puissante sur l'esprit des populations... Les Evêques ...se font donner tous les jours (par le Roi) de nombreuses terres. Ils s'enrichissent ainsi à ses dépens... Ils oppriment... les simples hommes libres.* » (CALVET, pp. 8-10.)

Sous les règnes des successeurs de Clovis, L'EGLISE CONTINUA A FAIRE DE BONNÉS AFFAIRES. *Sous les Mérovingiens.... grâce aux dons des Rois et à ceux des particuliers, les Evêchés et les abbayes ou couvents, possédaient, dans notre pays, une grande partie des terres. Le clergé ne payait pas d'impôts, il se faisait payer la dîme, c'est-à-dire la dixième partie des produits de l'Agriculture.* » (AULARD, p. 18. Proj. 51.) — La rentrée de la dîme ne devait certainement pas subir de retards, car l'Evêque et l'Abbé mérovingiens, que nous représente la gravure du Manuel de M. Aulard, n'ont pas une figure commode. Mais la palme de l'ingéniosité revient AU BON SAINT ELOI. « *Les monastères et les évêchés, écrit M. Devinat, s'enrichissent des dons qu'ils reçoivent.* » Que fait Saint Eloi? « *Il demande à Dagobert la belle terre de Solignac, pour en faire « une échelle par laquelle le Roi et lui pourront monter au Ciel.* » (DEVINAT, p. 12.)

L'idée qui est inculquée perfidement à ces petits, c'est que l'Eglise agit par intérêt, que le clergé est cupide, que les Evêques songent, avant tout, à accroître leurs domaines. M. *F. Buisson* lui-même est plus équitable, quand il écrit: « *C'est l'Eglise qui, sous les ruines de l'Empire romain, en pleine invasion des Barbares, se trouve être la seule force capable de refaire l'unité du monde. C'est toute la société qu'elle refait. Que l'on admire ou que l'on déteste cette puissante création, il n'y a pas moyen de nier que telle est l'origine du monde moderne... En somme, l'Eglise a été la Providence de ces âges barbares.* » (1)

D'après le Manuel, LES TERREURS DE L'AN MIL achevèrent de consolider la fortune de l'Eglise: « *On dit... qu'en l'an mil, les hommes accablés attendaient la fin du monde. Le clergé devint alors très puissant.* » (BROSSOLETTE, p. 30.) « *Vers l'an mil, une famine affreuse désola le royaume et chacun crut à la fin du monde.* » (DEVINAT, p. 10.) « *L'an mil, une grande partie des nobles, par terreur de la damnation éternelle, donnent à l'Eglise leurs fiefs, pensant se sauver ainsi.* » (GAUTHIER et DESCHAMPS, p. 7. « *En ce moment, les peuples sont frappés de terreur... Il (le seigneur féodal) craint l'Enfer, les peines éternelles... Coûte que coûte, il veut racheter ses fautes. Il donne tout à l'Eglise.* » (GUIOT et MANE, p. 45.)

Or, tout le monde sait que ces terreurs de l'an mil sont purement légendaires. « *Rien ne prouve, écrit M. Calvet lui-même, plus au courant que les autres des données de la critique, que les contemporains du roi Robert aient eu vraiment cette terreur de la fin du monde.* » (CALVET. Cours élémentaire, p. 45.)

Quoiqu'il en soit, la fin du monde ne vint pas et l'Eglise garda les biens. Alors, « *seule, elle était riche.* » (ROGIE et DESPIQUES, p. 28.) On le répète à l'enfant sur tous les tons, sans avoir l'honnêteté d'observer que si l'Eglise avait, au Moyen Age, de grands biens, elle avait aussi de lourdes charges, auxquelles elle consacrait, chaque année, une bonne partie de ses immenses revenus. Au contraire, on la représente à l'enfant comme abso-

---

(1) *La Crise de l'Anticléricalisme* (Revue politique et parlementaire), 10 octobre 1903, pp. 11-12.

lument insatiable. « *L'Eglise était toute puissante au Moyen-Age. Ses Evêques dans leurs palais, ses Abbés dans leurs monastères, disposaient de grandes richesses.* » (BROSSOLETTE, p. 21.) — « *La ville appartient à plusieurs seigneurs : l'Evêque, le Comte, le Roi. Chacun possède un quartier. Ce sont tous des maîtres impitoyables, avides d'argent.* » (GUIOT et MANE, p. 40.) — LE TYPE de ces « *maîtres avides d'argent* », c'est « *l'Evêque Gaudry, de Laon,* » contre qui cette ville s'insurgea et qu'elle tua, dans une cave, pour se venger de son despotisme et de sa cupidité. Tous les Manuels racontent « l'histoire de l'Evêque Gaudry ». *Une gravure*, plus ou moins fantaisiste, met la scène sous les yeux des enfants et grave le fait dans leur mémoire, « *A Laon, l'Evêque Gaudry écrasait de taxes les habitants.* » (BROSSOLETTE, 28.) « *Il avait signé la charte des vilains, moyennant une grosse somme. Puis, l'argent dépensé, il déchira la charte.* » (DEVINAT, p. 13.) C'était « *un tyran avide et cruel* » (GUIOT et MANE, p. 41), un « *vilain seigneur, menteur, voleur et traître.* » (GAUTHIER et DESCHAMPS, p. 13. Proj. 52, 53, 54.)

On a bien soin d'avertir l'élève que le cupide évêque Gaudry n'était pas une exception. « *Sous le règne de Saint Louis, un trouvère écrivait déjà: « N'allez pas vous plaindre à Rome, à moins d'avoir la bourse bien garnie; car, dans ce pays-là, on vous demande d'abord ce que vous pouvez offrir, et, si vous n'avez rien: Va-t-en ailleurs, mon ami.* » (CALVET, p. 83.) — « *Il n'était moyens que le clergé n'employât pour accroître ses richesses. C'était d'abord le culte des reliques... douées de vertus particulières pour la guérison des maladies, tels les cheveux et les poils de barbe de saint Christophe, telle l'haleine de saint Joseph reçue par Nicodème dans un gant. On vendait les indulgences qui permettaient aux fidèles de se libérer, moyennant finances, de leurs péchés. Le plus coupable, pourvu qu'il fût riche, obtenait ainsi l'absolution pleine et entière.* » — Comment ne pas acheter la précieuse marchandise, quand le vendeur « *la débitait, la tête ornée d'une grande plume, qu'il disait tirée de l'aile de l'archange saint Michel?* » (CALVET, p. 83.)

Ce n'étaient là que les petits profits du métier, LA GRANDE RESSOURCE, C'ÉTAIT LA DIME. « *Quand Gros Pierre a payé les impôts du seigneur, il y a encore la Dîme des prêtres.* » (DEVINAT, p. 61. Proj. 55. — CALVET, p. 28. Proj. 56.) « *Enfin, Jacques Bonhomme respire. Ne le croyez pas... Arrive le frère quêteur du couvent, le curé en personne. Ils prennent la dixième partie de la récolte. C'est la dîme, due à l'Eglise.* (GUIOT et MANE, p. 148.) *Mais, souvent, ce dixième se trouvait, en fait, porté au quart ou au tiers du revenu net.* » (AULARD, p. 135.) — A qui, en définitive, profitait cet impôt si onéreux à la bourse du pauvre peuple? « *Les*

Dîmes ne sont pas pour Pierre, le curé de village, le fils de Jacques Bonhomme. Elles appartiennent à l'Evêque, aux chanoines, à l'Abbé du couvent, qui affichent un luxe insolent (GUIOT et MANE, p. 150. Proj. 57), à des Evêques, tels que « *cet archevêque? de Strasbourg* » qui a « *1.300.000 francs de revenus annuels* », qui « *possède, dans son palais, 180 chevaux, 14 maîtres d'hôtel* » (GUIOT et MANE, p. 143) et qui n'est que le plus connu « *de ces grands prélats, très habiles mendiants qui savent tendre la main à la cour.* » (BROSSOLETTE, p. 110.) — Qui profitera de la dîme? Ce seront « *ces moines qui faisaient vœu de pauvreté et dont beaucoup vivaient dans l'abondance* » (PRIMAIRE: *Manuel de Lectures*, p. 162. Proj. 58. ROGIE et DESPIQUES, p. 29.) — tels : « *ces moines de Saint-Claude, qui, à la fin du* XVIIIe *siècle, continuaient à posséder en toute propriété les serfs du Jura. Ceux-ci, privés de tout droit, n'avaient pas même de noms de famille. « Pour cette canaille, disait le noble M. de Langeron, le nom d'un saint, Jean, Pierre ou Paul, suffit.* » (BROSSOLETTE, p. 111. Proj. 59. DEVINAT, p. 11. Proj. 60.) — telle: « *Cette Abbesse de Remiremont, qui menait un train presque royal. Elle portait une crosse d'or... Elle n'allait jamais qu'en carrosse à six chevaux, etc.* » (BROSSOLETTE, p. 111.)

Cela dura jusqu'à la Révolution. Toute l'histoire de l'Eglise se réduit à une course échevelée du clergé après la fortune. On comprend combien il fut pénible à ce clergé de renoncer, en 1791, à « *ces biens immenses que lui avaient valu, depuis de longs siècles, la foi ou la crédulité des fidèles.* » (BROSSOLETTE, p. 142.) Pendant la nuit du 4 août, « *seuls, les Evêques refusèrent de s'associer au généreux mouvement des autres Députés de l'Assemblée Constituante.* » (BROSSOLETTE, p. 136.) « *Blessés... dans leurs intérêt, les prêtres soulevèrent le peuple des provinces contre la Révolution* » (DEVINAT, p. 126), « *excitèrent Louis XVI au parjure.* » (AULARD, p. 152.) « *Du jour où les biens de l'Eglise eurent été mis à la disposition de la nation, le clergé se montra hostile et il saisit le prétexte de la Constitution civile pour affirmer cette hostilité.* » (CALVET, p. 198.) « Prétexte » simplement: la question de foi ne compte pas.

Et, cependant, le fait est incontestable. Le clergé ne résista aux Décrets de l'Assemblée constituante, que du jour où elle prétendit séparer l'Eglise de France du Pape. Mais l'enfant *doit croire* que le Clergé a déchaîné la guerre civile entre les Français pour une question de gros sous. « *Le résultat fut la guerre de Vendée, marquée par de grandes cruautés, et qui, venant s'ajouter à la guerre étrangère, faillit compromettre, avec la République, l'existence même du pays.* » (CALVET, p. 198.)

En 1801, le Clergé change d'attitude. Il se soumet avec enthousiasme à Bonaparte. QUELLE EST LA RAISON DE SA NOUVELLE

CONDUITE? Par le Concordat, « *le Clergé recouvrait une partie de ses privilèges.* » (BROSSOLETTE, p. 187.) — « *Bonaparte gagna l'Eglise par le Concordat de 1801. Il lui garantissait un rang dans l'Etat, un traitement.* » (ROGIE et DESPIQUES, p. 188.) — « *Bonaparte s'assura l'appui de l'Eglise par le Concordat, qui rendait au Clergé son salaire aboli sous la Convention.* » (AULARD, p. 187.) — « *Pendant les premières années, le clergé catholique servit fidèlement. Il alla même jusqu'à enseigner, par ordre, que l'Empereur devait être* ADORÉ. » (CALVET, p. 215.) — Je mets en défi M. Calvet de produire jamais la réponse du Catéchisme de l'Empire, qui enseigne que *l'Empereur doit être* ADORÉ. A l'époque de Napoléon, l'Eglise enseignait, comme de nos jours, que Dieu seul mérite notre adoration. Nos supérieurs, tant spirituels que temporels, n'ont droit qu'à notre respect et à notre obéissance.

Mais comment voulez-vous que l'enfant, qui croit son livre sur parole, ne ressente pas, à la fin, **un sentiment instinctif de mépris pour cette Eglise catholique,** pour ces prêtres, pour ces moines, pour ces Evêques, qui, depuis vingt siècles, ne marchent que pour l'argent, tout en prêchant au peuple la pauvreté et le désintéressement?

IV.

Ce mépris instinctif se transformera très vite en un sentiment parfaitement raisonné. Car l'élève ne sera pas long à s'apercevoir que, d'après son livre d'histoire, « *la Religion catholique n'a jamais été sincèrement pratiquée que par les naïfs et les sots.* »

Pour l'amener insensiblement à cette conviction qu'on ne peut pas, en même temps, être un homme instruit et intelligent et avoir de la religion, le Manuel commence très habilement par lui représenter que la Religion a été, à toutes les époques, L'ENNEMIE DE L'INSTRUCTION.

Au Moyen-Age, au temps où l'Eglise était toute puissante, « *l'instruction du peuple était très négligée.* » (ROGIE et DESPIQUES, p. 131.) Dans les rares écoles qui existaient au XIIe et au XIIIe siècles, « *on n'enseignait guère que la Religion.* » (ROGIE et DESPIQUES, p. 29.) — « *Ni le Roi, ni le Clergé ne tenaient à ce que le peuple fût instruit. Ils craignaient qu'une fois instruit, il fût moins obéissant et moins crédule.* » Les quelques instituteurs qu'on rencontrait dé-ci de-là, « *étaient sous la dépendance du clergé... On les choisissait ignorants... la grande majorité du peuple français était maintenue dans l'ignorance.* » (AULARD, p. 120) — « *Le gouvernement... se souciait fort peu de répandre l'enseignement. Le clergé... n'y tenait pas davantage, estimant que les gens du peuple en sauraient toujours assez et que, les instruire, c'était les apprendre à raisonner.* » (CALVET, p. 299.) Il

faut citer aussi le petit roman de « *Jacques Bonhomme, institu-*
teur sous l'Ancien Régime », que nous raconte le Manuel de MM.
Guiot et Mane. Les auteurs y accumulent à plaisir les détails
grotesques. (GUIOT et MANE, pp. 153-154. Proj. 61-62.) Seul, M.
Calvet parle de l'institution, au XVIIIe siècle, de la Congrégation
des Frères des Ecoles chrétienes. « *Au commencement du XVIII*
siècle, J.-B. de la Salle organisa la Congrégation des Frères des
Ecoles chrétiennes, que le peuple, par dérision, appela les igno-
rantins. » (CALVET, p. 299.) Est-ce assez gentiment envoyé? —
« *Leurs écoles,* écrit M. Devinat, *étaient d'ailleurs peu nom-*
breuses. » (DEVINAT, p. 169. Proj. 63.) Plus tard, quand il fut
impossible de résister au mouvement qui poussait les générations
nouvelles vers l'instruction, « *l'Eglise, par la loi Falloux, se fit*
livrer l'instruction. » (BROSSOLETTE, p. 228.) Déjà, sous Napoléon
III, Duruy avait rêvé de rendre l'instruction primaire gratuite et
obligatoire. « *Mais cette réforme épouvanta le parti clérical, qui*
fut assez fort pour l'empêcher. » (AULARD, p. 241.) La réforme
s'est accomplie sous la troisième République, qui, seule, fut assez
énergique pour « *affranchir le gouvernement civil de toute ingé-*
rence de l'autorité religieuse, décréter *l'instruction laïque* et in-
terdire *le droit d'enseigner à des congrégations religieuses qui,*
souvent, comme celle des Jésuites... n'existent qu'au mépris des
lois et qui... enseignent généralement, à la jeunesse, l'intolérance,
la haine de la Révolution, ainsi que le mépris des lois natio-
nales. » (AULARD, p. 261.) Donc, avant 1789, quand l'Eglise était
maîtresse du gouvernement, peu ou point d'écoles,

Est-ce là de l'histoire ? « *Autrefois,* s'écriait à la tribune
du Conseil des Cinq-Cents, le 23 Nivôse an VII, le député Bré-
montier, *dans les moindres hameaux, il se trouvait un vicaire ou*
une sœur d'école qui se distribuaient le soin d'enseigner à lire,
écrire et compter, et maintenant il n'y a plus personne qui s'en
charge. » Qui donc, avant 1789, voulait laisser le peuple dans
l'ignorance? Ceux-là même, qu'on représente à l'enfant comme
les ancêtres et les premiers apôtres de l'instruction gratuite,
laïque et obligatoire. « *Il est à propos,* écrivait Voltaire, *que le*
peuple soit guidé et non pas instruit; il n'est pas digne de l'être...
On n'a jamais prétendu (les philosophes) éclairer les cordonniers
et les servantes, c'est le partage des Apôtres. » (1) « *Il me paraît*
essentiel qu'il y ait des gueux ignorants. » (2) « *Ce sont des bœufs*
à qui il faut un joug, un aiguillon et du foin. » (3) — « *Le peuple*

----

(1) Lettre à Damilaville, 19 mars 1766; Lettre à d'Alembert, 2 septembre 1768.
(2) Lettre à Damilaville, 1er avril 1766.
(3) Lettre à Tabareau, 3 février 1769.

même veut étudier, écrivait La Chalotais, l'expulseur des Jésuites sous Louis XV, *les Frères sont survenus pour achever de tout perdre. Ils apprennent à lire et à écrire à des gens qui n'eussent dû apprendre qu'à dessiner et à manier le rabot et la lime... Le bien de la société demande que les connaissances du peuple ne s'étendent pas plus que ses occupations.* » (1) — On cite volontiers Voltaire, dans les Manuels; je doute, cependant, qu'on fasse jamais lire à l'enfant des citations du genre de celles que vous venez d'entendre.

Au contraire, on lui apprend, toujours dans le but de le convaincre que l'Eglise est l'ennemie de la science et du progrès, que les Papes et le Clergé s'opposèrent de tout leur pouvoir A l'INTRODUCTION DE L'IMPRIMERIE. « *L'autorité ecclésiastique persécuta l'art nouveau, craignant qu'il ne servît à répandre des livres contraires à la religion. Elle obtint, de François Ier, un édit interdisant, sous peine de mort, d'imprimer quelque livre que ce fût.* » (AULARD, p. 75.) — « *Tant de livres répandus, n'était-ce pas le triomphe du Diable? L'Eglise le crut... et l'on prit, contre les imprimeurs, des mesures très rigoureuses.* » (DEVINAT, p. 46.) — M. Brossolette laisse entendre que l'Eglise en fut pour ses peines: « *Les livres se multiplient rapidement. L'ignorance, peu à peu, se dissipe, les vieilles superstitions du Moyen-Age s'effacent, et les hommes, avec plus d'intelligence, marchent vers plus de progrès.* » (BROSSOLETTE, p. 47.)

Gutenberg imprime la première Bible, en 1445. Dès 1470, Rome avait vingt-cinq ateliers de typographie. La police du Pape, souverain absolu, était donc bien mal faite, pour qu'on pût enfreindre aussi en grand, à Rome même, les prohibitions ultra-sévères dont nous parlent les Manuels. L'Eglise, le clergé régulier surtout, eurent la plus grande part à la diffusion de l'imprimerie. Mais qu'importe la vérité, en face de ce parti-pris évident de saisir, à tout propos, l'Eglise et la Religion en flagrant délit de sottise.

*
* *

C'est au point que certains Manuels ne peuvent pas parler d'une croyance, d'une pratique ou d'une cérémonie chrétienne, SANS INSINUER IMMÉDIATEMENT QU'ELLE EST ABSURDE, INUTILE OU GROTESQUE.

L'Eglise recommande aux chrétiens LA PÉNITENCE et LA MORTIFICATION. Qu'en pensent MM. Rogie et Despiques? — Ils parlent de Louis IX enfant: « *C'était*, écrivent-ils, *un doux enfant, avec*

---

(1) LA CHALOTAIS: *Essai d'Education nationale,* p. 25. sq.

des yeux de colombe. Elle (sa mère) l'accoutuma à l'obéissance, au calme, aux pratiques religieuses les plus sévères et même les plus exagérées, car il se mortifiait inutilement et passait tout son temps en prières. » (ROGIE et DESPIQUES, p. 42.)

Pour ridiculiser LES PRATIQUES DE PÉNITENCE CORPORELLE, qui, en elles-mêmes, n'ont absolument rien de déraisonnable, une gravure du Manuel de M. Brossolette montre, à l'élève, « *Foulques le Noir, comte d'Anjou, qui, saisi de la peur de l'Enfer, après avoir tué sa femme, pillé des couvents, incendié des églises, massacré sans pitié ses ennemis, se fait fouetter, nu et la corde au cou, dans les rues de Jérusalem.* » (BROSSOLETTE, p. 18. Proj. 64.)

Sur LA CRAINTE DE L'ENFER, M. Devinat a une petite histoire de rats qui est délicieuse: « *La Foi est très vive au Moyen-Age. Seigneurs et vilains redoutent les flammes de l'Enfer. On raconte que les persécuteurs de l'Eglise meurent dans d'effroyables tortures. Un chevalier, qui avait volé des terres d'Eglise, dit une légende, fut assailli par des rats. Il se cacha dans une caisse, qu'il fit suspendre en l'air, mais les rats vinrent l'y dévorer tout vivant.* » (DEVINAT, p. 12. Proj. 65.) On dirait que la légende a été écrite pour racheter la gravure du livre, qui n'est pas mauvaise et qui représente un malheureux serf poursuivi par des hommes d'armes et trouvant asile dans l'église.

LE CULTE DES SAINTS, LA CROYANCE AU DÉMON font sourire. « *Sans aucune instruction, le peuple acceptait les croyances les plus absurdes, les superstitions les plus ridicules. Il demandait naïvement aux saints de faire tomber la pluie, de guérir les animaux malades... On croyait encore plus au diable.* » (ROGIE et DESPIQUES: *Petites Lectures*, p. 96.) — « *On croyait au diable en lutte contre Dieu et soutenu par une légion de démons. On disait que ces mauvais esprits venaient tenter les croyants. L'Eglise ne refréna pas ces superstitions, elle songea surtout à assurer sa domination intolérante et tyrannique.* » (ROGIE et DESPIQUES. *Cours sup.*, pp. 127-128.) Les croyances ou les pratiques qu'on mentionne ne sont pas nécessairement des superstitions. Il ne manque pas, aujourd'hui encore, de chrétiens, académiciens ou autres, pas plus ignorants ni plus sots que MM. Rogie et Despiques, qui vénèrent les Saints et croient au Démon.

Dans toute la guerre de Vendée, si fertile, des deux côtés, en traits héroïques, M. Brossolette n'a trouvé à raconter qu'un épisode grotesque, qui, je le crains, n'augmentera pas beaucoup LE RESPECT DE L'ENFANT POUR SON CONFESSEUR: « *Les Vendéennes au passage de la Loire. — Au passage de la Loire, les barques étant peu nombreuses, elles employaient, en attendant, le temps à se confesser. Les prêtres les écoutaient, assis sur les tertres du rivage. L'opération fut troublée par quelques volées du canon*

républicain. L'un des confesseurs fuyait... Sa pénitente le rat-
trape: « Eh, mon Père, l'absolution. — Ah! ma fille, vous l'avez. »
Mais elle ne le tint pas quitte; le retenant par sa soutane, elle le
fit rester sous le feu. » (BROSSOLETTE, p. 178.) Ces prêtres ven-
déens étaient moins combatifs que ces Evêques du commencement du XVIIᵉ siècle, que le Manuel dépeint à l'élève comme « SE
GOURMANT ENTRE EUX. *Le duc de Nevers et le Cardinal de Guise,*
à un moment où ils plaidaient l'un contre l'autre, se rencontrent.
Ils échangent des coups de poing. C'est le Cardinal qui a com-
mencé. » (BROSSOLETTE, p. 68.) Je doute que ce récit contribue à
accroître le respect que l'enfant catholique doit avoir pour l'Epis-
copat et pour ceux qui en sont revêtus.

Pour présenter, sous un jour odieux, la PRATIQUE CHRÉTIENNE
DE FAIRE DIRE DES MESSES POUR LES DÉFUNTS, le même auteur
raconte, avec une gravure à l'appui, l'histoire de Louis XVIII et
de Mme de la Bédoyère. « *Mme de la Bédoyère va demander, au*
Roi, la grâce de son mari, condamné à mort après les Cent jours.
Louis XVIII lui répond: « Je ne puis que faire dire des messes
pour le repos de l'âme de votre mari. » — *La Bedoyère est fusillé*
dans la plaine de Grenelle (19 août). » BROSSOLETTE, p. 211. Proj.
66.) Quiconque a fait un peu d'histoire, est renseigné sur l'ardeur
des sentiments religieux du roi Louis XVIII. Il vécut et mourut
en voltairien sceptique. Aussi, le mot que lui fait prononcer M.
Brossolette paraît-il, dans sa bouche, bien peu vraisemblable.

Avant de parler de la messe pour les défunts, M. Brossolette
dit ce qu'il pense de LA CÉRÉMONIE CHRÉTIENNE DE L'ENTERREMENT:
« *L'égalité des enterrements. — A Paris, sous la Terreur, tous les*
défunts, riches et pauvres, sont conduits au cimetière dans le
même appareil. Aucun prêtre n'accompagne le cortège funèbre.
A la place du triste drap des morts, le drapeau tricolore, emblème
de la patrie, enveloppe le cercueil. » (BROSSOLETTE, p. 163. Proj.
67.)

Au Moyen-Age, l'Eglise se chargeait d'amuser le peuple. ELLE
DONNAIT DES FÊTES. « *Le mystère de la Passion excitait la curio-*
sité des foules. Il mettait en scène les souffrances du Christ. Il
faut remarquer combien ces fêtes étaient naïves. C'était des
amusements de grands enfants, qui, SANS HAUTES ET NOBLES PEN-
SÉES, *ne pouvaient élever l'esprit des hommes de ce temps.* »
(ROGIE et DESPIQUES: *Petites Lectures*, p. 129.) Où MM. Rogie et
Despiques trouveront-ils de « *hautes et nobles pensées* », si
l'Evangile, et principalement le récit de la Passion du Sauveur,
n'en contiennent pas? M. Antoine, qui a fait jouer, l'an dernier, à
l'Odéon, le *Mystère de la Passion* d'Arnoul Gréban, le public moderne, qui s'est pressé en foule aux représentations de ce vieux
mystère du XVᵉ siècle, ont-ils donc, l'un et l'autre, le goût si per-
verti?

Aucune cérémonie chrétienne n'échappe aux sarcasmes du Manuel. Le *Te Deum*, que Bonaparte fit chanter à Notre-Dame, en l'honneur de la conclusion du Concordat: c'est une belle capucinade. « *Le soir du* Te Deum, *Bonaparte demanda à Delmas son opinion sur la cérémonie:* « C'était une belle capucinade, répondit le général. » (Brossolette, p. 188; Devinat, p. 154. Proj. 68-69.)

Une cérémonie surtout, celle du sacre des rois, excite la verve des auteurs de Manuels. Ils la tournent délibérément en ridicule. Une lecture du Manuel de M. Brossolette, sur: « *Louis XI à Reims, le jour de son sacre* », prête au Roi une conduite grotesque: « *Le matin, il était au chœur, il attendait la sainte Ampoule, qui devait venir de Saint-Remi, apportée sous un dais. A peine sut-il qu'elle était arrivée aux portes, qu'il y courut vite et* « *se rua à deux genoux* ». *A deux genoux, mains jointes, il adora. Il accompagna le saint vase à l'autel et* « *il se rua encore à deux genoux* ». *L'Evêque de Laon le relevait pour le lui faire baiser, mais trop grande était sa dévotion, il restait sur les genoux, toujours en oraison, les yeux fixés sur la sainte Ampoule.* » (Brossolette, p. 43.) — En 1793, le député Rühl fut moins respectueux, quand « *il brisa, de ses mains, la Sainte Ampoule* », non à Saint-Remi, comme tendrait à le faire croire la gravure du Manuel, mais sur la place Royale, devenue alors la place de la Révolution. (Brossolette, p. 163. Proj. 70.)

M. Brossolette raconte la cérémonie du sacre de Napoléon a Notre-Dame, le 2 décembre 1804. « *Quelle différence, écrit-il, entre cette cérémonie théâtrale et la fête simple, grande et fraternelle par laquelle le peuple avait célébré la Fédération. C'est que l'une annonçait le despotisme, l'autre la liberté.* » (Brossolette, p. 192.) A propos du sacre de Napoléon, M. Devinat a imaginé une gravure où il montre à l'enfant *un Lafayette gouailleur*, qui plaisante agréablement Bonaparte, sur son intention de se faire sacrer, à Notre-Dame, par le Pape. Et Bonaparte répond: « *Nous verrons, nous verrons!* » (Devinat, p. 154. Proj. 71.)

Le sacre de Charles X est l'objet des mêmes appréciations : « *Charles X voulut, ressusciter, à Reims, la vieille cérémonie du sacre. Cet agenouillement du chef de l'Etat, dans une cathédrale, devant les prêtres, déplut aux libéraux. Le grand chansonnier populaire, Béranger, fit, à ce sujet, une chanson avec ce titre: « Le sacre de Charles le Simple.* » (Brossolette, p. 215 ; Calvet, p. 235.)

Dans le Manuel de M. Aulard, une gravure représente la scène du Sacre. La gravure est accompagnée de ces deux lignes d'explication: « *Charles X rétablit à Reims, pour la cérémonie de son sacre, les usages oubliés de l'ancienne monarchie.* » (Aulard, p. 211. Proj. 72.)

Vous pensez comment les Manuels traitent ce malheureux Charles X, qui, « *dominé par la Congrégation, n'eut rien de plus pressé que d'aller ainsi se faire sacrer à Reims, suivant les usages oubliés de l'ancienne monarchie. C'était un vieillard peu intelligent, peu instruit* » (AULARD, p. 211; DEVINAT, p. 173), « *un esprit très étroit* » (ROGIE et DESPIQUES, p. 210), « *inintelligent et entêté.* » (GAUTHIER et DESCHAMPS, p. 120.) « *Sa dévotion était grande.* » (BROSSOLETTE, p. 215.) Je me garderai bien de prétendre que Charles X fut intelligent! hélas, non. Mais c'est une constatation très curieuse à faire. Il suffit QU'UN PERSONNAGE HISTORIQUE se soit montré bon catholique, pour qu'invariablement, le Manuel le déclare MAUVAIS ROI, MAUVAIS PRINCE, HOMME NAÏF, ININTELLIGENT ET SOT. Au contraire, TOUS LES ENNEMIS DE L'EGLISE sont sacrés « GRANDS HOMMES ».

Quelques exemples, choisis entre cent, vous donneront une idée du procédé: « LE BON ET SIMPLE ROI LOUIS XII, *fils aîné de l'Eglise*, écrit M. Devinat, *n'osait pas faire la guerre au Pape, chef suprême de l'Eglise. Sa femme, la dévote Anne de Bretagne, très alarmée, lui faisait redouter la colère de Dieu. Pendant ce temps-là, Jules II, cuirassé et casqué, assiégeait la Mirandole. Peu après, porté sur un brancard, Jules II entrait par la brèche, dans la ville conquise.* » (DEVINAT, p. 33. Proj. 73-74.) Ce roi Louis XII, fils aîné de l'Eglise, se dira l'enfant, quel naïf!

A l'époque des guerres de Religion, LES CHEFS DES CATHOLIQUES, *François de Guise, Henri de Guise*, étaient l'un « *un homme féroce* » (DEVINAT, p. 54. Proj. 75), l'autre « *un révolté, cruel dans ses vengeances.* » (DEVINAT, p. 54. Proj. 75.) « *Coligny, au contraire, était un homme de grand cœur et de grand esprit.* » (DEVINAT, p. 55. Proj. 76.) C'était un homme « *d'un grand caractère* » (AULARD, p. 77) « *qui eut toujours horreur des guerres civiles.* » (GUIOT et MANE, p. 95.) Plus elle étudie de près les faits et les documents de l'époque, plus l'histoire impartiale se refuse à contresigner ce brevet de vertu et de grand cœur, que les Manuels octroyent si généreusement à l'amiral protestant.

Pourquoi l'Angleterre était-elle si hostile à Louis XIV? « *Elle ne lui pardonnait pas d'essayer de rétablir chez elle* UN MAUVAIS ROI, LE CATHOLIQUE JACQUES II. » (BROSSOLETTE, p. 87.) — « *Louis XIV a un allié, le roi d'Angleterre, le catholique Jacques II.* QUEL FRAGILE APPUI! » (GUIOT et MANE, p. 127.)

Admirez ce portrait d'un souverain « *bigot et méchant: Le Roi d'Espagne Ferdinand VIII était le plus mauvais souverain qu'on pût rêver. Il passait son temps à faire mettre en prison les libéraux... et à croquer des bonbons dans les couvents de religieuses.* » (BROSSOLETTE, p. 213.)

Quant « *au comte de Chambord*, écrit M. Aulard, *c'était un honnête homme, dont l'esprit, peu étendu, avait encore été rétréci par une éducation toute réactionnaire et cléricale.* » (AULARD, p. 257.) Quelle différence avec « *Rabelais, qui d'abord moine, renonça bientôt à la vie étroite du couvent... et acquit un savoir prodigieux.* » (BROSSOLETTE, p. 55. Proj. 77.)

C'est dans les couvents, qu'on trouve LE TYPE ACHEVÉ DE LA BÊTISE CATHOLIQUE: LE RELIGIEUX, LE MOINE. On relate les grands services que rendirent, au Moyen-Age, les moines copistes; mais on ajoute: « *Malheureusement, ils dédaignaient presque toujours les livres des savants de l'antiquité, et, comme le parchemin était très rare et très cher, beaucoup d'entre eux ont gratté de précieux manuscrits pour écrire un banal livre de prières. Si les moines ont conservé une grande partie des ouvrages des anciens, ils en ont aussi détruit, par ignorance, des quantités considérables.* » (ROGIE et DESPIQUES: *Petites Lectures*, p. 82.) L'histoire du DÉMON TITIVILLUS, racontée par MM. Guiot et Mane, procède du même désir de jeter le ridicule sur les moines: « *Pour exciter le zèle des moines copistes, on leur disait qu'il existait un certain démon, nommé Titivillus. Celui-ci, malin et fripon, cherchait à distraire les pauvres religieux: n'était-il pas chargé, par Satan, de recueillir dans un sac les mots oubliés? Lors du Jugement dernier, ces malheureux mots étaient comptés comme autant de péchés mortels.* » (GUIOT et MANE, p. 79. Proj. 78.) « Etaient-ils simples, ces moines, d'ajouter foi à de telles sottises! » prononcera le jeune lecteur. — Toujours dans la même intention, on relate, avec gravure grotesque à l'appui, cette « PROCESSION RIDICULE DE LA LIGUE, *où figurèrent 1.300 prêtres et moines armés, casqués et cuirassés par-dessus leur froc. Pendant ce temps-là, 30.000 Parisiens moururent de faim.* » (BROSSOLETTE, p. 59 ; ROGIE et DESPIQUES, p. 89; CALVET, p. 97. Proj. 79.)

Les moines restés fidèles à l'Eglise, quoi qu'ils fassent, sont toujours réputés « sots et ridicules ». (Proj. 80.) Au contraire, « *le moine Luther, qui se révolta contre l'Eglise et brûla, en public, la bulle de condamnation, que le Pape lança contre lui, est un homme d'intelligence supérieure et de grande volonté* » (DEVINAT, p. 52), « *un moine très pieux.* » (CALVET, p. 83. Proj. 81.) « *Il fut scandalisé des pratiques du clergé d'alors. A Rome, il avait trouvé les messes des prêtres trop courtes et leurs repas trop longs. Il osa le dire.* » (DEVINAT, p. 52. Proj. 82. — GAUTHIER et DESCHAMPS, p. 46; BROSSOLETTE, p. 58; AULARD, p. 59; GUIOT et MANE, p. 94.) « *Sa doctrine, comme celle de Calvin, condamne les superstitions grossières.* » (CALVET, p. 84.) Dès ce jour, « *la domination absolue du Pape était supprimée; il était permis aux hommes de penser, d'étudier librement.* » (ROGIE et DESPIQUES, p. 73.)

C'est entendu : **Les penseurs et les grands hommes sont tous ceux qui ont combattu l'Eglise.** Il serait fastidieux de les énumérer tous. Je me contenterai de vous faire faire connaissance avec celui que les Manuels exaltent à souhait, parce qu'il fut peut-être l'ennemi le plus acharné, que l'Eglise ait jamais rencontré: « VOLTAIRE, *à qui son ardeur à combattre l'intolérance de l'Eglise, valut une popularité prodigieuse.* » (BROSSOLETTE, p. 114.) « *Toute sa vie, il lutta avec acharnement contre l'intolérance de l'Eglise, qui avait usé de la force pour imposer ses dogmes à tous. Il fut le père de la pensée indépendante* » (ROGIE et DESPIQUES, p. 134), « *l'éloquent défenseur des idées de tolérance.* » (GUIOT et MANE, p. 159.) « *Partout, il plaide la cause de l'humanité et de la liberté avec autant de cœur que d'esprit.... Aujourd'hui encore... tous les fanatiques rétrogrades ou pédants haïssent Voltaire. Il est aimé, au contraire, de tous ceux qui aiment notre France libre et démocratique, issue de la Révolution française.* » (AULARD, p. 128.) Ecrire, de Voltaire, qu'il « *avait autant de cœur que d'esprit* », le répéter, ressemble vraiment à une gageure. N'est-ce pas sa nièce, Madame Denis, qui l'a appelé « *le dernier des hommes par le cœur* » (1), et M. Faguet, professeur de littérature française à la Sorbonne, ne l'a-t-il pas jugé avec la même sévérité?

Mais l'élève a déjà fait son choix : il ne sera pas du côté des fanatiques rétrogrades ou pédants qui haïssent Voltaire : « *L'Eglise,* se dira-t-il, *est l'ennemie de l'instruction. Ses croyances, ses pratiques, ses cérémonies, sont absurdes, inutiles ou grotesques; tous ceux qui sont restés les enfants soumis de l'Eglise, ont été des naïfs ou des sots; tous ceux, au contraire, qui ont secoué son joug, ont été des hommes supérieurs, des bienfaiteurs de l'Humanité. On ne peut pas, en même temps, être un homme intelligent et avoir de la Religion.* » **Voilà la quatrième « idée claire » que l'élève retirera de l'étude de son Manuel d'histoire.**

V

Mais il est à craindre, que le prêtre n'essaye de faire connaître à l'enfant la vérité. **Comment les Manuels vont-ils s'y prendre pour immuniser l'élève contre toute tentative de reprise ?** Ils emploient tous le même procédé. Pour inspirer à l'élève la défiance du prêtre, ils lui font généreusement, à toutes les époques, UN TABLEAU ÉPOUVANTABLE DU « GOUVERNEMENT DES CURÉS ».

---

(1) Lettre à Voltaire, 20 février 1754. — Lettre de Voltaire au comte d'Argental, 10 mars 1754.

« *Tout*, se dira le jeune homme, *plutôt que le gouvernement des curés.* » — C'est la cinquième idée claire.

Au Moyen-Age, ce « gouvernement des curés » était terrible. « *Alors, l'Eglise abusa de son pouvoir. Par l'excommunication, elle retranchait de la société chrétienne les fidèles qui lui avaient désobéi et déplu.* » (Rogie et Despiques, p. 35.) « *Les Evêques effrayaient les âmes simples des barons féodaux, par les excommunications.* » (Aulard. Cours élémentaire, pp. 42-44.) Il n'y a évidemment que les âmes simples pour s'effrayer des excommunications de l'Eglise. Les enfants des écoles publiques n'en auront cure. — « *L'interdit, jeté sur tout le domaine du rebelle, est une peine plus effroyable encore; plus d'offices, plus de sépultures. Les morts pourrissent au seuil des cimetières.* » (Devinat, p. 12.) Comme exemple d'excommunication, on cite le Roi Robert le Pieux, excommunié pour avoir épousé sa cousine Berthe, et obligé de la répudier. MM. Rogie et Despiques ont même soin de reproduire le tableau de *Jean-Paul Laurens*, sur ce sujet, sans doute pour rendre odieuse une Eglise qui sépare avec tant de cruauté deux cœurs qui s'aimaient si tendrement. (Rogie et Despiques, p. 35. Proj. 83. — Devinat, p. 12. Proj. 84. — Gauthier et Deschamps, p. 19. Proj. 85.) Dans le Manuel de M. Aulard, une gravure représente un cimetière où les morts pourrissent sans sépulture. (Aulard, p. 27. Proj. 86.) Ainsi s'explique *la conduite de ce Raymond VI, comte de Toulouse*, que M. Brossolette nous montre s'en allant, « *en chemise, solliciter son pardon à la porte de l'Eglise Saint-Gilles. Les prêtres l'introduisent en le tirant par le cou avec une étole et en le frappant.* » (Brossolette, p. 22. Proj. 87.) C'est au point que « *si un laïque rencontre un prêtre... il met pied à terre, s'il est à cheval.* » (Devinat, p. 12. Proj. 88.) Pour bien persuader l'enfant que ces formes du gouvernement ecclésiastique ont survécu au Moyen-Age, une gravure fantaisiste du Manuel de M. Devinat lui montre *Henri IV réduit à demander pardon à la porte de la basilique de Saint-Denis*, dans une posture plutôt grotesque. (Devinat, p. 59. Proj. 89.)

A l'époque contemporaine, la Restauration fut par excellence le temps du « gouvernement des Curés ». Dans le Manuel de M. Aulard, une vignette représente un salon. Au premier plan, un officier et un fonctionnaire sont en palabre secret avec un prêtre; au fond, un autre groupe: un officier et une dame décolletée conversent avec un moine. Et le texte porte: « *Sous la Restauration, le clergé essaie de diriger la politique.* » (Aulard, p. 205. Proj. 90.) — Sous le ministère de Villèle, « *ce fut la Congrégation qui gouverna... Le Père Roussin, un Jésuite, en était le chef... A l'aide des Missions, elle réussit un instant à être maîtresse du pays.* » — M. Brossolette consacre quatre gravures à ces fameuses « missions ». La première gravure représente « *l'arrivée des Missionnaires, reçus en grande pompe par le préfet, les magistrats, les officiers, tous en grand uniforme.* » (Proj. 91.) La seconde nous fait assister « *à la plantation d'une croix de mission.* » (Proj. 92.) La troisième, surtout, est intéressante : « *Sur le bûcher des Missionnaires, on brûle solennellement les œuvres de Voltaire et de Rousseau.* » (Proj. 93.) La silhouette lointaine d'un Evêque, avec mître et crosse, éclaire comme il convient cette composition sensationnelle. « *En guise de protestation, les libéraux se hâtaient d'organiser une représentation de « Tartuffe », la pièce où Molière se moque des intrigues des dévots.* » C'est le dernier tableau. (BROSSOLETTE, p. 214. Proj. 94.)

En 1877, SOUS L'ORDRE MORAL, la France montra, une fois de plus, « *qu'elle ne voulait pas de ce que Gambetta appelait le gouvernement des Curés.* » (AULARD, p. 260.) — Dans certains Manuels, toute la terminologie politique y passe. M. Aulard voit la main de l'Eglise dans le « *Boulangisme* » (page 263), dans « *le Nationalisme* » (page 265), dans « *l'affaire Dreyfus* » (page 265). Il déclare même que « *le ralliement des cléricaux n'a pas été très sincère.* » (Page 264.) « *Les amis de l'Eglise*, écrit M. Brossolette, *entreprirent de se servir du général Boulanger pour ébranler la République. Ils n'y réussirent pas. Dix ans après, ils formèrent le parti nationaliste et ne furent pas plus heureux. L'Eglise, qui avait conduit ces tentatives, en fut punie. En 1905, les Chambres votèrent la Séparation de l'Eglise et de l'Etat.* » (BROSSOLETTE, p. 247.) — « *L'Eglise*, concluent MM. Rogie et Despiques, *ne peut et ne veut pas comprendre sincèrement le monde moderne. La France n'est donc pas encore libérée entièrement des servitudes d'autrefois. Il reste beaucoup à faire. A nous de continuer l'œuvre des grands Républicains.* » (ROGIE et DESPIQUES, p. 262.)

L'élève ne boudera pas à la besogne. Grâce aux bonnes leçons de son Manuel d'histoire, ce petit chrétien est devenu, peu à peu, un sceptique, que le mot seul de Surnaturel fait sourire. Autrefois, il respectait et aimait la grande Eglise catholique, sa Mère ; maintenant, il la méprise comme une mercenaire et une rétrograde, il la hait comme la plus grande criminelle de l'histoire. Autrefois, il se confiait volontiers au prêtre, maintenant — dernière idée claire, dernière impression forte — il éprouve une sainte horreur du « gouvernement des Curés ».

Dira-t-on que le livre d'histoire, qui donne, à l'écolier chrétien, « CES IDÉES CLAIRES, CES IMPRESSIONS FORTES », est impartial, qu'il observe la neutralité? Mais un journal protestant, qu'on ne suspectera certainement pas de cléricalisme, le journal « Le

Temps », l'avoue lui-même: « *Plusieurs des Manuels scolaires sont tendancieux jusqu'à l'intolérance et véritablement dignes de censure.* (1) — *Ils dissimulent mal, dans l'exposition des idées, la rédaction des sommaires ou des questionnaires, le choix des textes ou des lectures, la composition des gravures, un dessein d'exercer, sur des cerveaux malléables... une vigoureuse pesée au profit d'un parti ou d'une secte. Pour ne pas distinguer la partialité concertée de quelques-uns de ces Manuels, il faudrait être un aveugle volontaire.* » (2) — « *L'art des insinuations, des prétéritions, des restrictions*, lit-on dans le « Journal des Débats », *n'a pas de secrets pour nos modernes auteurs, et la théologie radicale-socialiste a profité du progrès des lumières pour renchérir sur les procédés tant reprochés aux livres des bons Pères.* » (3)

Donc, de l'aveu de tout le monde— j'ai essayé moi-même de vous le démontrer —ces Manuels ne sont pas des livres d'histoire, ce sont de véritables pamphlets, où suinte, à chaque page, la haine de l'Eglise.

Il est toujours délicat de juger des adversaires. Aussi, en terminant, laisserai-je la parole à l'un des auteurs condamnés, à M. Payot lui-même. A lui de se prononcer sur le cas de ses collègues et sur le sien propre: « *Si tu es sincère*, dit-il au jeune homme, *tu diras comme Gaston Paris:* « *Celui qui, par un motif religieux, patriotique ou même moral, se permet, dans les faits qu'il étudie, dans les conclusions qu'il tire, la plus petite dissimulation, l'altération la plus légère, celui-là n'est pas digne d'avoir sa place dans le grand laboratoire de la science, où la probité est un titre d'admission plus indispensable que l'habileté.* » (PAYOT: *Cours de Morale*, p. 112.) — Le verdict, j'espère, ne paraîtra pas suspect. Il émane du condamné lui-même et il démontre, qu'en cette affaire, comme toujours, la cause de l'Eglise se confond avec celle de la Vérité.

NIHIL OBSTAT :
Remis, die 22a junii 1910.
L. PAULOT,
lib. cens.

IMPRIMATUR :
Remis, die 22a junii 1910.
F. COMPANT,
vic. gen.

(1) « Le Temps ». 22 octobre 1909.
(3) « Le Temps », 17 novembre 1909.
(3) « Les Débats », 16 novembre 1909.

TABLE DES MATIÈRES

Reims. — Imprimerie JEANNE D'ARC, 4, rue des Fusiliers (2300)

39. Les Protestants à la charrue (Devinat, 90, n° 3).
40. Les Enfants protestants arrachés à leurs Parents (Devinat, 89).
41. L'Exil des Protestants (Devinat, 90).
42. La Condamnation de Galilée (Primaire, *Lectures*, 28).
43. L'Evêque d'Amiens au supplice du Chevalier de la Barre (Brossolette, 101).
44. Les Moines espagnols combattant à coups de crucifix (Devinat, 161, n° 3).
45. Les Moines espagnols à Saragosse (Devinat, 161, n° 24).
46. La Conversion à coups de battoirs (Devinat, 169, n° 1).
47. Royer Collard flétrit la loi du sacrilège (Devinat, 169, n° 4).
48. Une Leçon de Michelet sur les Jésuites (Brossolette, 254).
49. L'Erection du Sacré-Cœur (Brossolette, 246).
50. Les Députés cléricaux et Garibaldi (Brossolette, 246, n° 1).
51. Douces Figures d'Evêques et d'Abbés mérovingiens (Aulard, 18).
52. La Mort du « cruel et avide » évêque Gaudry (Brossolette, 28, n° 2).
53. *Idem*, (Devinat, 13, n° 4).
54. *Idem*, (Guiot et Mane, 41).
55. Gros Pierre paie la Dîme (Devinat, 61, n° 3).
56. *Idem*, (Calvet, 28).
57. La Dîme et Pierre le Curé du Village (Guiot et Mane, 150).
58. Les Moines mendiants (Primaire, *Lectures*, 162).
59. Les Serfs du Jura (Brosselette, 111, n° 2).
60. Le Dernier Serf (Devinat 11).
61. Jacques Bonhomme et sa chaumière (Guiot et Mane, 147).
62. Jacques Bonhomme instituteur (Guiot et Mane, 154).
63. Les Frères Ignorantins (Devinat, 169).
64. La Pénitence de Foulques le Noir (Brosselette, 18).
65. Les Rats vengeurs (Devinat, 12, n° 2).
66. Louis XVIII et les Messes pour La Bedoyère (Brossolette, 211).
67. La Cérémonie de l'Enterrement chrétien (Brossolette, 163).
68. L'opinion du Général Delmas : « C'est une belle capucinade ». (Brossolette, 188).
69. *Idem*, (Devinat, 154, n° 3).
70. En 1793 Rühl brise la Sainte Ampoule (Brossolette, 163).
71. Lafayette et le Sacre de Bonaparte (Devinat, 154, n° 2).
72. Le Sacre de Charles X (Aulard, 211).
73. Le naïf Louis XII et le Pape Jules II (Devinat, 33, n° 3).
74. *Idem*, (Devinat, 33, n° 2).
75. Le féroce François de Guise (Devinat, 54, n° 1).
76. Coligny « l'homme de grand cœur ». (Devinat, 55).
77. Rabelais et « la vie étroite du couvent » (Brossolette, 55).
78. Le Démon Titivilus (Guiot et Mane, 79).
79. La Procession de la Ligue et les Moines casqués (Brossolette, 59).
80. Un Moine servile (Guiot et Mane, 83).
81. Luther brûle la bulle de condamnation du Pape (Calvet, 84).
82. *Idem*, (Devinat, 52).
83. L'Excommunication de Robert le Pieux (Rogie et Despiques, 35).
84. Une scène d'excommunication (Devinat, 12, n° 37).
85. *Idem*, (Gauthier et Deschamps, 19).
86. Un Cimetière pendant l'interdit (Aulard, 27).
87. La pénitence du Comte de Toulouse (Brossolette, 22).
88. Il faut descendre de cheval (Devinat, 12).
89. Henri IV à genoux à la porte de Saint-Denis (Devinat, 59).
90. Le « gouvernement des Curés » sous la Restauration (Aulard, 205).
91. L'armée des Missionnaires (Brossolette, 214).
92. La Plantation d'une Croix de Mission (Brossolette, 214).
93. Le Bûcher des Missionnaires (Brossolette, 214).
94. La Protestation des Libéraux (Brossolette, 214).

Des Presses
de
l'Imprimerie
Jeanne d'Arc
Reims
4, Rue des
Fusiliers

www.ingramcontent.com/pod-product-compliance
Ingram Content Group UK Ltd.
Pitfield, Milton Keynes, MK11 3LW, UK
UKHW022123070726
13613UKWH00003B/1221

9 782019 954611